HAPPY train
single journey
635268J
happy travel
ONE WAY
FARE №89
im ROSA Haus
Haus
muss MIR unbedingt WAS zum essen ein-packen
Das heißt dort VESPER (glaub' ich)
Yummieh
X-Mas
mein Freund
DER POLAR-BÄR
miss you
BYE, BYE...
...tschüss NORDPOL - bis in 3 Monaten
Geschenk für andre
nordPOL
C.U. soon

Bevor's gleich los geht...

Hallo,

nach meinen beiden Backbüchern, wollte ich unbedingt als Nächstes ein reines Weihnachts-Inspirations-Buch machen. Ganz einfach, weil ich echt so viel Dekozeugs und Ideen für diese Saison habe. Ich weiß noch, dass ich ursprünglich ein Buch nur aus tollen Fotos geplant hatte. Davon kam ich aber wieder ab, weil mir die kleinen Geschichten rund um's Rosa Haus einfach zu wichtig sind. Für dieses Buch hab' ich also nach einer Story gesucht, die sich durch die ganze Weihnachtszeit zieht. Auf die Idee mit dem Boris, also dass er als Praktikant zu mir kommt, kam lustigerweise meine Freundin Silke. Sie hatte den letzten Brief vom Weihnachtsmann ihren Kindern so oft vorlesen müssen, dass sie den Inhalt viel besser kannte als ich selbst! Sie hat ihn sogar abfotografiert, um ihn bei jeder Gelegenheit zur Hand zu haben. So gut kam er bei den beiden Kindern an.

dies ist das Lieblingsweihnachtsbuch von:

erst mal noch

- ☐ WAS SÜSSES
- ☐ LANGWEILER VORWORT
- ☐ Cafe Latte
- ☒ 'ne Kurz info

In dem Brief wird ja das Rentier Boris bereits erwähnt. Ich hab' dann noch lange überlegt, ob der Boris besser gehäkelt oder gestrickt aussehen würde. Herausgekommen ist dann also ein genähter! Es gab viele „Proto"-Rentiere, in verschiedenen Größen und aus verschiedenen Stoffen, aber irgendwann Mitte Februar war es dann soweit und Boris war geboren! Seit dem Tag haben wir dann auf Schnee gewartet. Alle Freunde haben mitgefiebert, und ich weiß noch, dass an einem Montagmorgen tatsächlich alles weiß draußen war und wir die Boris Außenfotos für das Buch machen konnten! Außer uns hat sich dann wirklich keiner mehr über diesen späten Schnee gefreut!

Ich wünsch' Dir ganz viel Spaß beim Lesen, Entdecken und Projekte machen.

Deine Andrea

SEPTEMBER

LOVE YOU

MONTAG 14

HAPPY DAY

Hanuta Tag

DIENSTAG 15

NAIL colour

MITTWOCH 16

Also den Tag muss ich mir wirklich im Kalender markieren – heute kam ein Brief vom Weihnachtsmann Und das im September !?

FREITAG 18

Björn 16:00 Uhr

SAMSTAG 19

CHOCO MILK

SONNTAG 20

enjoy your day

neue Crafternoon Workshops planen (vielleicht Katzentäschchen)

LIKE

MEMO

Heute war einer von diesen perfekten Tagen, die man so gar nicht vorher planen kann: Aufgewacht zu blauem Himmel und Sonne, keine Termine, im Ofen riecht's schon nach dem ersten Zwetschgen Crumble der Saison und lustiger Freundinnen Besuch ist auch angekündigt. Was kann's Besseres geben? Ach, und dann gab's noch ein eigenartiges Ereignis heute: Vom Weihnachtsmann kam ein Brief. Das wäre jetzt eigentlich gar nicht so ungewöhnlich, denn durch die verschiedenen Wunschzettel-abgaben der letzten Jahre stehe ich ja tatsächlich in Kontakt mit ihm, aber im September? Das war dann doch sehr überraschend für mich. Aber lies' selbst mal, was er mir da genau geschrieben hat.

So sieht also ein Brief vom Weihnachtsmann aus. →

Frohe Weihnachten

14.9.2015

!! Liebe Boten: sofort überbringen, ohne Halt unterwegs!! Express!

Meine liebe Andrea,

heute schreibe ich Dir mal, obwohl noch gar nicht Weihnachten ist. Aber ich habe ein Problem und ich hoffe so sehr, dass Du mir da weiterhelfen kannst. Wie Du schon aus meinem letzten Weihnachtsbrief weißt, haben wir ein ganz junges Rentier mit im Team, den Boris. Ich mag ihn sehr gern, aber eigentlich muss er ständig beaufsichtigt werden, doch dazu habe ich einfach gar keine Zeit!
Der Boris verbringt gerne die meiste Zeit mit Schlafen, anstatt sich nützlich zu machen. Bei allem was er tut, trödelt er herum, außer beim Essen. Oder er knufft die anderen dauernd und kugelt sich am Boden herum. Letztes Weihnachten hat er im Garten die Elfen so mit Schneebällen bombardiert, dass sie alle in meinen Schlitten hineingefallen sind, dabei wurden eine Menge Schokoladensachen zerstört. Gerne isst er auch aus den fertigen Kuchen die ganze Füllung raus und öffnet die Päckchen auf der Suche nach was Süßem.

Seite 2

Meistens findet man ihn dann wieder fest schlafend im Küchenschrank. Oder er vertauscht die Mädchensachen mit den Geschenken für die Jungs. Wenn ich dem Boris sage, dass alles seine Schuld ist, kichert er nur, rollt sich vor dem Kamin zusammen und macht ein Nickerchen.

Letzten Endes ist er aber dennoch ein guter Kerl, trotz all der Missgeschicke, und es ist ja auch sehr lustig mit ihm.

Nun kommt meine Bitte: Boris muss einfach selbstständiger werden und Verantwortung übernehmen. Könntest Du Dir eventuell vorstellen, dass er so eine Art Praktikum bei Dir macht? Er könnte ja in Deinem Zirkuswagen wohnen. Boris findet die Idee toll und mir wäre wirklich sehr geholfen! Seine Bewerbung lege ich bei.

NORTH GREETINGS POLE

Danke und alles Liebe
von Deinem alten Freund
dem

Weihnachtsmann

mir gefällt die Bewerbung ja sehr gut

BEWERBUNG VON Boris

ICH MAG
WEIHNACHTEN
KUCHEN BACKEN
& DEKORIEREN

FÄHIGKEITEN

Backen 89%

Dekorieren 78%

Schnabulieren 99%

Galoppieren 23%

„All I want for Christmas is this job"

HOBBIES

Reisen
Kino
Musik
Malen / Zeichnen
Meine Freunde
(Dasher, Dancer, Prancer
Vixen, Comet, Cupid,
Donner, Blitzen)

hot chocolate time

ORGANISATION

Mitglied Verband
"House of Christmas"
Spezialabteilung
"Food & Beverage"

AUSBILDUNG

Schule
Grundschule für Rentiere
und Elfen

Studium
Rentier College,
Abschluss
"Festliches Backen & Dekorieren"
Reindeer of Arts (R.A.)

Bachelorarbeit
"Geschenk-Verpackung und
Präsentation für
Weihnachten"

ERFAHRUNG

Santa´s Workshop

Pflege
"Liste der braven Kinder"

Qualitätskontrolle
von Süßigkeiten
(Spezialgebiet)

Transportverpackung
von Überseegeschenken

Elfenpoststelle

Sortierung von
Wunschzetteln für
Deutschland, Österreich
und Schweiz

REFERENZEN

"Boris hat eigentlich immer gute Laune. Das macht ihn zu einem wertvollen Mitglied in jedem Team"

Der Weihnachtsmann

GRÜSSE
VOM
NORDPOL
DEIN BORIS

WWW.BORISDASRENTIER.COM
555.134.4725
HALLO@BORISDASRENTIER.COM

Danke!
FÜR DEINE ANTWORT

Mein
Gemütlichkeitsplatz
im Winter

Kardamom Knoten

Nach dem Brief vom Weihnachtsmann und der witzigen Bewerbung von Boris, habe ich mich entschlossen, das mit dem Praktikanten einfach mal zu versuchen. Keine Ahnung wie das wird, ist auch für mich das erste mal mit einem Weihnachtspraktikanten im Haus. Heute hole ich Boris vom Bahnhof ab. Hast Du eine Ahnung, was man am Nordpol Süßes isst? Oh je, ich auch nicht! Ich will ihn auf jeden Fall mit Gemütlichkeit empfangen. Er kommt ja spät an. Heute wird noch nichts gearbeitet.

Herzlich Willkommen im Rosa Haus, Boris!!

Ich muss jetzt erst mal checken, wie der Boris überhaupt so ist. Meine Hoffnung ist, dass er Kardamom Knoten vielleicht deshalb gerne mag, weil die ja ursprünglich aus Skandinavien kommen und das ist doch immerhin so Richtung Norden. Werde ich ja dann sehen, ob er welche isst! Ich mache die immer so: 640 g Mehl, 50 g brauner Zucker, 100 g Butter (weich), 1 Päckchen Trockenhefe, 360 ml warme Milch, 1,5 TL Kardamom gemahlen, 0,25 TL Salz. Alle Zutaten mit dem Knethaken der Küchenmaschine verrühren, bis Du eine Teigkugel in der Schüssel hast, 1 Stunde gehen lassen. Die Füllung besteht aus 100 g Butter (flüssig), 100 g braunem Zucker, 2 TL Kardamom, gemahlen, Ich hab' noch 4 TL Zimt gemahlen dazugegeben (weil ich Zimt so mag). Alles zusammen vermengen. Den Teig halbiere ich und rolle jede Kugel zu einer 30x40cm viereckigen Fläche aus. Dann streiche ich die Füllung gleichmäßig auf beide Flächen.

Nun klappe ich den Teig jeweils zur Hälfte zusammen (15x40cm). Mit einem Messer schneide ich pro Fläche ca. 10-12 Streifen ab, schneide sie in der Mitte ein und verdrehe die Enden und mache einen Knoten. Die Stelle, an der die beiden Enden zusammenhalten verstecke ich unten: Ich mach' am besten mal 'ne Skizze!

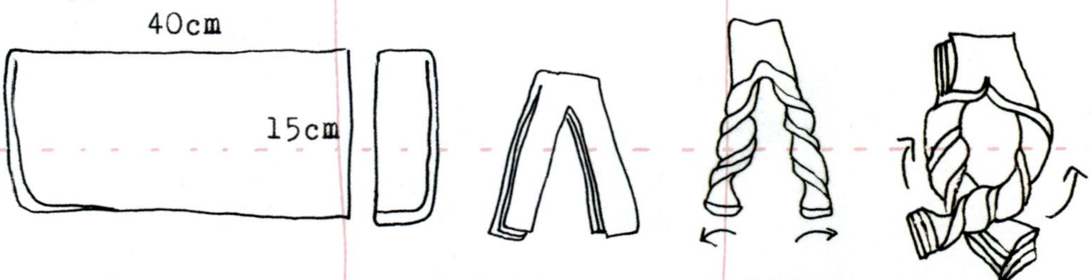

Die Enden gut zusammendrücken, sonst öffnet sich der Knoten während des Backens! Wenn alle Knoten auf dem Backblech liegen (Platz dazwischen lassen, die gehen noch auf),

müssen sie noch mal 30 Minuten gehen, danach kannst Du sie mit einem verquirlten Ei bestreichen und noch Hagelzucker darüberstreuen. Bei 220 Grad C werden sie ca. 12 Minuten gebacken.

Weil die Knoten frisch am besten schmecken und ja auch schnell gebacken sind, habe ich sie fertig geformt auf einem Backblech in den Kühlschrank gelegt. Bis der Boris sein Zimmer bezogen und sich frisch gemacht hatte, habe ich sie schnell aus dem Kühlschrank rausgeholt, bestrichen und erst nach ca. 15 Minuten in den Ofen geschoben. Das klappt super!

Übrigens: Natürlich kannte der Boris die Kardamom Knoten und hatte auch gleich noch einen Tipp für mich: Am Nordpol werden die auch gerne am Stück gebacken, dazu wird der Teig aufgerollt und Scheiben mit der Schere abgeschnitten. Jede Scheibe wird dann leicht versetzt angeordnet, sodass es wie ein ganzer Zopf wirkt. Die Scheiben backen dann automatisch zusammen. Wenn Du möchtest, kannst Du die Scheiben auch zu einem Kranz legen.

Boris hat seinen Tipp hier aufgezeichnet, das muss ich demnächst mal testen. Die Backzeit verlängert sich beim "am Stück Backen" um 10 Minuten!

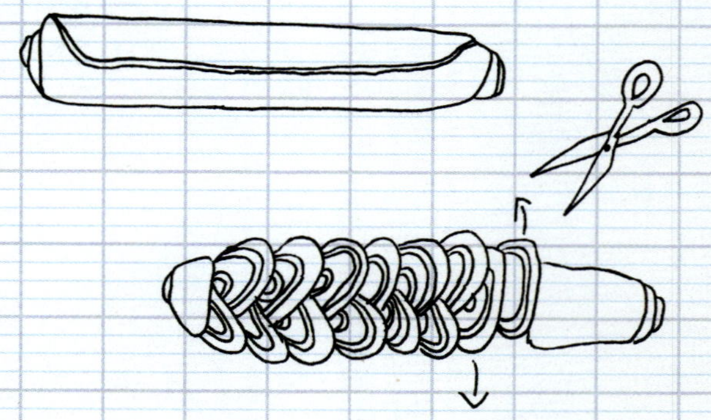

So hat Boris seine Anreise zum Rosa Haus erlebt.

Happy Holidays
Mistletoe
MOTEL
let's
get
crafty

Merry Xmas!!

Meine Schneemannkette kam, glaube ich, bei Boris sehr gut an. Ich wollte ja gerne irgendwas Lustiges anhaben, wenn ich ihn zum ersten Mal treffe, vielleicht sogar etwas mit Nordpolcharakter?! Deshalb fand ich die Schneemänner eigentlich perfekt. Wir haben uns dann auch schnell darauf geeinigt, dass ich unbedingt die Anleitung dazu mit ins Buch nehmen soll. Vielleicht hast Du ja mal Lust auf so ein etwas umfangreicheres Projekt?

Wenn Du nicht, wie ich, unbedingt eine ganze Schneemannkette haben willst, sieht auch einer alleine schon toll aus. Das Ganze geht im „Amigurumi" Stil, am schwierigsten fand ich ja die Nase, weil da alles so eng und klein ist. Außer der Wolle benötigst Du noch Füllwatte. Ich habe die Augen nicht gestickt, sondern Plastikaugen reingesteckt. Ach so, damit ich nicht in der Reihe verrutsche, benutze ich einen "Markierungsfaden" in einer anderen Farbe. Falls Du den noch nicht kennst: Der wird einfach zu Beginn der neuen Runde quer über die Arbeit gelegt und drübergehäkelt. Bei jeder neuen Runde einfach rausziehen und wieder drüberlegen.

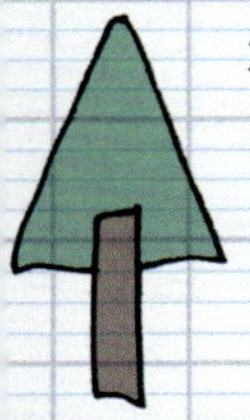

So geht´s:

Große Kugel in weiß (Bauch)

Magic Ring (siehe S. 57), 6 feste Maschen
Reihe 1: 2 feste Maschen in jede Masche (verdoppeln =12)
Reihe 2: jede 2. Masche verdoppeln (=18)
Reihe 3: jede 3. Masche verdoppeln (=24)
Reihe 4: jede 4. Masche verdoppeln (=30)
Reihe 5-12: in jede Masche 1 feste Masche
Reihe 13: jede 4.+5. Masche zusammenhäkeln (=24)
Reihe 14: jede 3.+4. Masche zusammenhäkeln (=18)
Reihe 15: jede 2.+3. Masche zusammenhäkeln (=12)
jetzt mit Füllwatte ausstopfen
Reihe 16: alle Maschen abmaschen, also: 1.+2., 3.+4., etc. ...

Zum Schluss mit Kettmasche schließen.

Kleine Kugel in weiß (Kopf)

Alles gleich wie bei der großen Kugel bis Reihe 2
Reihe 3-8: in jede Masche 1 feste Masche
Reihe 9: jede 2.+3. Masche zusammenhäkeln (=12)
jetzt mit Füllwatte ausstopfen
Reihe 10: alle Maschen abmaschen, also 1.+2., 3.+4., etc. ...
Zum Schluss mit Kettmasche schließen.

Zylinderhut in schwarz

Alles gleich wie bei der großen Kugel bis Reihe 2
Reihe 3: in jede Masche 1 feste Masche, dabei jedoch nur in das vordere Maschenglied einstechen. Du willst dadurch eine Kante für den Hut erreichen.
Reihe 4-7: in jede Masche 1 feste Masche
Reihe 8: 3 Luftmaschen (ist damit ein Stäbchen), in jede verbliebene Masche 2 Stäbchen, zum Schluss mit Kettmasche schließen.

Nase in rot oder orange

Magic Ring, 6 feste Maschen
Reihe 1: Arbeit wenden, 1 feste Masche in jede Masche
Reihe 2: Arbeit wenden, 1 Masche abnehmen, verbleibende Maschen mit festen Maschen häkeln
Reihe 3: Arbeit wenden, 1.+2. zusammenhäkeln, in 3. Masche 1 feste Masche, 4.+5. zusammenhäkeln
Reihe 4: Arbeit wenden, 1 feste Masche in die 2. Masche häkeln

Schal in rot

31 Luftmaschen, feste Maschen ab der 2. Masche von der Häkelnadel, 1 Wendemasche, wenden
Reihe 2: 30 feste Maschen, versäubern.

Zum Schluss: Augen am Kopf befestigen, Nase annähen, Kopf an Körper nähen, etwas Füllwatte in den Hut geben und auf dem Kopf annähen, Schal rumwickeln und fixieren. Alle Schneemänner in Form einer Kette zusammenlegen und mit wenigen Stichen zusammennähen. An der rechten und linken Seite ein Luftmaschenband anhäkeln.

Schneemannschal

Der Boris fand die Schneemannkette so toll, dass er sie unbedingt auch mal anprobieren wollte (sah aber irgendwie zu feminin aus). Aber ich kam auf die Idee, ihm stattdessen einen Schal aus Schneemännern zu häkeln. Der wird ihm besser stehen. Das Projekt habe ich am Stück gehäkelt, und die Form jeweils durch Zunahme oder Abnahme von Maschen ermöglicht. Hier kannst Du gerne mal mehr und mal weniger Maschen machen, damit nicht alle Schneemänner gleich sind.

Die Arme, Augen und Schals habe ich zum Schluss draufgestickt bzw. gehäkelt und noch extra Schalenden mit Laufmaschen gemacht. Bin gespannt, wie Boris sein Geschenk gefällt.

Welcome
We Are
OPEN

No
PLACE
like
HOME
Santa
DASHER
DANCER
PRANCER
VIXEN
COMET
CUPID
THE BOOK OF CHRISTMAS
Eat
Drink
&
Be Merry

Bei der Weihnachtsdeko starte ich immer außen am Haus. Jetzt hab' ich grade überlegt, warum ich das so mache ...Aber klar, wegen des Wetters! Wenn es erst mal richtig kalt und usselig ist, macht Außendeko überhaupt keinen Spaß mehr. Irgendwann im Oktober fange ich also damit an. Da die Veranda am Rosa Haus überdacht ist, darf die Sofagarnitur auch im Winter draußen bleiben. Und wenn das Wetter es irgendwie zulässt, sitzt jeder, auch wenn es kalt ist, auf dem Sofa. Ich wärme dann gerne mit Heißgetränken von innen.

Apfelstreusel

Bratäpfel mache ich ja oft. Aber hier habe ich zum ersten Mal Streusel auf den Äpfeln gebacken. Den Apfel aushöhlen und dann mit Streuseln füllen und obendrauf auch noch aufhäufen, im Ofen bei 180 Grad C brauchen die je nach Größe 30-40 Minuten. Schmeckt toll! Ich hab' dazu Vanilleeis serviert. Falls Du kein Streuselrezept zur Hand hast: 125 g brauner Zucker, 100 g Mehl, 75 g Haferflocken, 1 TL Zimt, 125 g Butter. Alles zu einem krümeligen Teig mischen. Apfel füllen, evtl. noch Nüsse obendrauf geben.

Wochenplan für Boris

MONTAG

FOTOGRAFIEREN

Wetterunabhängige Grundlagen der Weihnachtsfotografie, aufgeladenen Akku nicht wieder vergessen!!!!

DIENSTAG

DEKORIEREN

Zweierdialog mit Andrea zu speziellen Fragestellungen. Deko-Schwerpunkt heute: "kruschtelig"

MITTWOCH

TREND

„Research" aktueller Weihnachtstrends Backen/Deko/Craft (Handy bitte im Zirkuswagen lassen)

DONNERSTAG

BACKEN

Probebacken im Cafe Burghof. Treffpunkt Backstube 1.UG. Alle Schaustücke dürfen ausnahmsweise probiert werden!!

FREITAG

HÄKELN/STRICKEN

Wir stricken Probeläppchen. Dafür Deine Materialkiste mitbringen. Wir üben den magischen Maschenanschlag.

SAMSTAG

BERGISCHE ORTSKUNDE

Orientierung Schloss Burg. Schwerpunkt: Cafes und Restaurants. Anschließend Ortskundeprüfung (Gebühr wird übernommen).

SONNTAG

AUSFLUG NACH WAHL

HOLLAND oder BELGIEN Abfahrt spätestens 9:00 Uhr. Frühstück gibt´s dann vor Ort. Taschengeld auch.

Hot Choc mit Marshmallows

Nach mehreren Stunden Unterricht mit der Kamera war es dann heute so weit: Boris sollte seinen ersten Fotoshoot machen. Alles war natürlich aufregend für alle Beteiligten und da wir es nicht allzu kompliziert machen wollten, waren wir draußen, ohne zusätzliche Scheinwerfer oder so. Der Boris wusste natürlich von früheren Shootings, dass, sobald der Fotograf "fertig" ruft, alles zum sofortigen wegschnabulieren freigegeben wird.

Da er unbedingt eine heiße Schokolade mit Marshmallows haben wollte, hat er sich gleich mal eine Tasse mit seinem Namen reserviert. Als Fotograf hat er dann sofort nach den ersten Fotos „fertig" gerufen und gleichzeitig begonnen, die heiße Schokolade wegzutrinken. Die meisten Bilder waren dann verwackelt. Ich musste also zurück in die Küche und noch mal frische Schokolade machen. Beim zweiten Anlauf hat es aber gut geklappt.

Die neue Kamera von Boris (mit Filzstift aufgemalt)

Hier ein paar Beispiele vom ersten Versuch des neuen Fotografen:

Yummieh Hot Chocolate Varianten!

Im Laufe von Weihnachten habe ich für verschiedene Gäste unterschiedlichste heiße Schokis entwickelt ...hier ein paar Varianten für die beliebtesten. Vielleicht magst Du ja mal welche davon ausprobieren?!

Orange

1 Tasse Milch
4 EL Zartbitter Schoki
Orangenschale von 1/2 Orange
1 EL Zucker

Vegan

(wenn die Saraa kommt)

1 Tasse Mandelmilch
1 EL Zartbitter Schoki, vegan
1 EL Kakaopulver, vegan
1 EL Zucker

Coffee

(Achims Liebling)

1 Tasse Milch
2 EL Zartbitter Schoki
1/2 TL Zimt
1 TL Instant Kaffeepulver

Pumpkin Spice

(das ist meiner!)

1 Tasse Milch
1 TL Pumpkin Spice Gewürz (eine Mischung aus Zimt, Ingwer, Muskatnuss, Piment)
1 TL Kakaopulver
1 TL Ahornsirup

Nutella

(war ja auch klar: Boris favourite!)

1 Tasse Milch
3 EL Nutella

Irish

(oh, schon wieder meiner...)

1 Tasse Milch
1,5 EL Vollmilch Schoki
1 TL Kakao
4 EL irischer Sahnelikör

Rich & Creamy
HOT
CHOCOLAT
Caramel
Apple
GINGERBREAD
Spice
DE L'ALMANACH DU BON

Christmas

meine Weihnachtsküche

Wie Du weißt, wird an Weihnachten ja bei mir zuhause ganz groß umdekoriert. Da das Wochen in Anspruch nimmt, beginne ich sehr früh damit, und der erste Schritt ist immer: Alles wegpacken, damit es auch Platz für die Weihnachtsdeko gibt. Nur so kann ich ein Ergebnis erzielen, das mir sehr gut gefällt. Das betrifft alle Räume, nicht nur das Wohnzimmer. Ich hab' mich heute mal für Dich in die Küche gestellt und nach allen Richtungen fotografiert.

Sugar cookie

Diese riesigen Schleifenpompoms gehen total schnell und machen viel her. Wenn mir für's Auge noch etwas fehlt, hänge ich noch so einen dazu. Am besten geht das mit Geschenkband, egal welche Breite, aber in den Rändern sollte Draht sein! Für so einen großen Pompom reichen meine 4 Finger zum Umwickeln nicht. Nimm einfach ein Buch, ca. 12-mal wickeln, runterstreifen und in der Mitte mit einem Stück Draht oder Schnur fixieren. Jetzt jede Schlaufe auszupfen und aufplustern.

Season

Für dieses Weihnachten wollte ich sogenannte „Mason Gläser" gerne in passenden Farben haben. Dazu hab' ich einfach welche mit Sprühfarbe besprüht und nach dem Trocknen noch Goldglitter daraufgeklebt. Die goldenen gefallen mir am allerbesten! Die stehen jetzt überall hier 'rum und sind super praktisch zum Verstauen von kleinen Dingen.

FREITAG 9

flüssige Kreidestifte
besorgen für die
Bemalung der
Küchenfenster

SAMSTAG 10

SONNTAG 11

Ich hab' unserem Rentier gestern Abend noch einen Teller frische Kekse rüber in den Zirkuswagen gebracht (da ist er ja immer offen für). Beim Blick durch das Fenster war ich sehr überrascht, wie schön er sich sein Zimmer dekoriert hat. Das sieht ja mega gemütlich bei ihm aus. Frieren muss er da drinnen nicht, er hat einen kleinen Holzofen bei sich stehen. Aber als Rentier hilft ihm bei der Kälte immer auch sein dichtes Fell und der dicke Strickpulli.

ho
HO
ho

Lebkuchenbaum

Meine Variante zum Lebkuchenbaum: Es werden dieses Jahr nur halb so viele Sterne gebacken, dafür aber jede zweite Lage aus Keksen geschichtet!

Ich habe extra helle Haferflockenkekse als Kontrast zum braunen Lebkuchenteig gebacken. Die Konturen und Punkte aus Puderzucker/Eiweiß-Icing musst Du allerdings vor dem zusammensetzen draufspritzen! Du kommst an den fertigen Baum mit der Spritztüte nicht gut dran! Nur den fallenden Schnee hab' ich ganz zum Schluss draufgespritzt. Weil der Baum so schön aussah, hab' ich ihn im Cafe Burghof ausgestellt. Dazu habe ich noch eine Glashaube mit flüssigem Kreidestift bemalt.

Letzte Nacht hat es geschneit. Etwa 40 cm hoch liegt Schnee. Davon bin ich aber nicht wach geworden. Ich wurde durch aufgeregtes Hufgetrabe vor dem Haus aufgeweckt. Dazu lautes Rentierjauchzen, wildes Wälzen und Schnauben. Boris ist in seinem Element und hat auch schon den Schlitten entdeckt. Er macht unzählige Selfies. Als ich in die Küche komme, liegt dort eine Entschuldigung für diesen Tag. Komisch, irgendwie sieht das wie ein Vordruck aus.

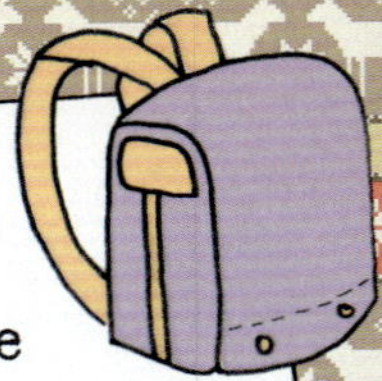

OFFIZIELLE ENTSCHULDIGUNG

Dieses ENTSCHULDIGUNGSschreiben muss ANDREA (name) pünktlich vorgezeigt werden.
An diesem TAG 15.10. (Datum) kann BORIS leider NICHT am Unterricht teilnehmen.
Er war aber der Allerbeste im FOTOGRAFIEREN und auch beim AUFRÄUMEN. Und weil er SEHR, SEHR gut war, darf er heute mal DAHEIM bleiben.
UNTERSCHRIFT: BORIS DAS RENTIER

Merry Christmas
GOOD TIME

Landschaften in Schachteln

Es macht mir sehr viel Spaß, solche Landschaften in kleine Schachteln zu kleben. Die kann man dann überall im Haus auf- oder an den Baum hängen. Ich schreib' mir das gleich mal für die nächsten Weihnachts-Crafternoons auf. Da suche ich immer nach lustigen Themen ...wichtig ist ein schöner Hintergrund, da nehme ich Scrapbooking Papier. Und zum Reinkleben ist alles erlaubt, was Du so Weihnachtliches findest ...

Boris
Geburtstagskuchen

Da ich noch von meinem Lieblingsweihnachtsstoff ein Stück übrig hatte, wollte ich für den Reisepass von Boris eine Hülle nähen. Der sah schon sehr abgegriffen aus, und konnte eine Verschönerung gut gebrauchen. Beim Messen ist mir im Pass aufgefallen, dass der Frechdachs tatsächlich morgen Geburtstag hat. Er hatte gar nichts erwähnt. Ein Kuchen muss also her. Da er aber offensichtlich kein großer Fan von Geburtstagen ist, sollte es nur ganz „zufällig" sein. Auf jeden Fall nichts mit Happy Birthday drauf.

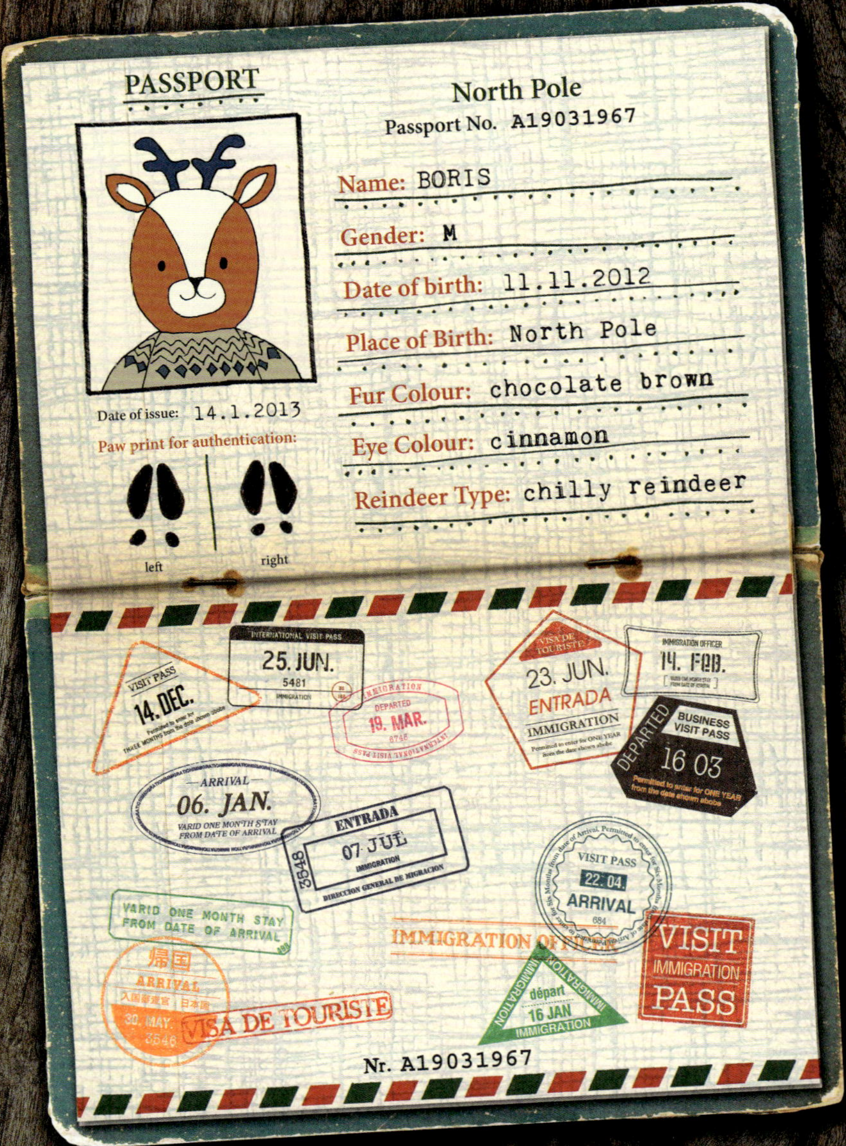

Geburtstagskuchen

Ein schneller, aber optisch spektakulärer Kuchen musste her, es geht ja schließlich um meinen Lieblingspraktikanten! Solltest Du also auch mal in die Situation kommen, empfehle ich: Backe aus Deinem Lieblingsschokorührkuchen 3 Böden. Für die Buttercreme hab' ich 450 g Spekulatiuskekse in der Küchenmaschine ganz fein gehackt, danach noch 250 g Puderzucker und 250 g Butter hineingegeben. Damit es cremiger wird 6 EL Milch dazu, 2 TL Zimt und 3 TL Spekulatiusgewürz. Mit dieser Creme habe ich die Böden aufeinandergesetzt. Boris mag Spekulatiuskekse ganz arg. Als wir zusammen im Supermarkt waren, hat er davon gleich mal 10! Packungen gekauft, (angeblich, um die nach Hause zu schicken, aber auf dem Postamt war er nie ...). Diese Art von Kuchen mit relativ offenen Seiten nennt sich ja "naked" cake, und nicht nur, dass ich das super finde, wenn man die Böden erkennen kann, es ist dazu auch noch ganz leicht zu machen. Wenn die Böden alle aufeinandergesetzt sind, hab' ich mit der Spritztüte außen herum die fehlende Buttercreme draufgespritzt und dann nur noch mit einem langen Messer über die ganze Höhe seitlich glatt gestrichen. Die lustige Eisbärmama mit Kind und Fuchs hatte ich mal im Internet entdeckt und bestellt, und was passt besser zum Nordpol als das? (Du kannst hoffentlich die Glitzerfüße auf dem Foto erkennen?) Die geeisten Rosmarinzweige und Beeren habe ich mit Eiweiß bestrichen, Zucker darüberverteilt und trocknen lassen. Happy Birthday lieber Boris!

Tannenbaumwald aus Brettern gesägt

Da Achim nach einem Brett mit der Stichsäge keine Lust mehr hatte, musste der freundliche Mann aus der Holzhandlung aushelfen. Das ging ganz schnell und die Bäume sehen innen und außen ganz toll aus!

Mütze mit Ohren

In unserem Mittwochabend Handarbeitsclub gab es das Projekt, diese Mütze mit Ohren für die jeweiligen Kinder zu häkeln. Natürlich muss ich für mich selber eine haben, war ja klar. Es ist gar nicht so schwer, wie Du jetzt vielleicht glaubst und schnell geht's auch noch: Dicke Wolle und doppelte Stäbchen machen es möglich. Ich gebe Dir einfach mal die Maße meiner fertigen Mütze in der Skizze an.

Die Maße für eine Kindermütze (3-7 Jahre) habe ich in rot in Klammern in die Skizze eingetragen. Bei meinem Garn waren 7 Maschen = 10 cm, sehr dicke Wolle bedeutet schnelles Resultat! Du startest unten mit einem Ring in heller Wolle (2 Reihen), danach geht's mit der grauen weiter. Nach 18 cm (16) häkelst Du nicht mehr im Ring ganz herum, sondern „drehst" am Ende einer Umrundung einfach um. Das ergibt dann die Öffnung für das Gesicht. Nach weiteren 32 cm (26) kannst Du die obere Kante zusammenhäkeln. Die 3,5 cm breite helle Kante an der Öffnung wird im Kreis extra zum Schluss drangehäkelt.

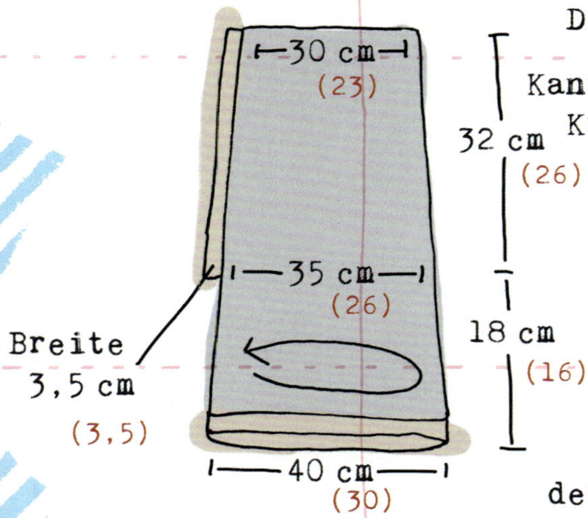

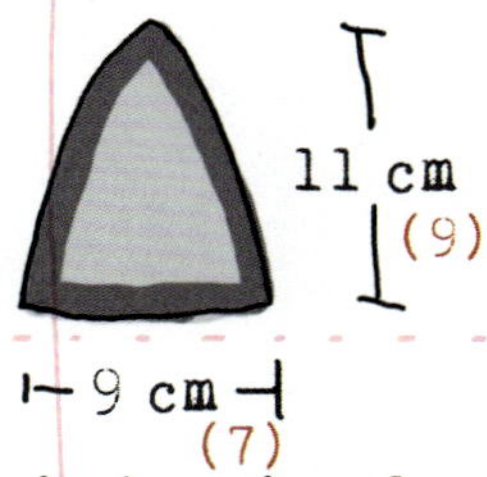

Du siehst anhand der Maße in etwa, wie Du Maschen wegnehmen musst, um von der Breite der Mütze unten auf die Breite oben zu kommen. Zwischendurch habe ich auch immer anprobiert. Das ist ganz wichtig. Die Ohren werden separat als Dreiecke gehäkelt und dann angenäht. Ich habe sie gedoppelt, vorne hell und hinten grau. Der Rand entsteht dadurch, dass ich sie mit schwarzem Garn zusammengehäkelt habe. Die Ohren haben einen Abstand von 10 cm (9) und von der vorderen Kante sind sie 8 cm (8) entfernt.

Auf
wundersameweise
werden es immer
weniger
Waffeln hier!

HIER ein PAAR DINGE ÜBER mich:

NAME: BORIS

Skorpion ♂
11. Nov.

liebe meine Mütze

süsse Knopf-augen

ganz weiches Fell

modischer Strickpulli (sehe ich cooler aus)

(wäre gerne sportlich)
liebe Eislaufen

immer begeisterungsfähig & offen für Abenteuer

mag ich NICHT

- SPINNEN
- Country MUSIC
- voller Kalender
- zu heißes Wetter
- Zitronen Lufterfrischer
- lange Warte-Schlangen
- Wecker / früh aufstehen
- Hausaufgaben
- Stau / viel Verkehr

mag ich

- SCHOKI
- Eichhörnchen
- Mittagsschlaf (tssss...)
- gebürstetes Fell
- Kaffee TO GO
- Massagen
- Geschenke machen
- Leute, die NETT sind

Brownies mit Schokodropskeksteig

Normal gebe ich ja keine Reisetipps oder so ab, aber hier mache ich mal eine Ausnahme: Meine Empfehlung für den Monat November ist und bleibt Florida. Wir haben das irgendwann einmal für uns entdeckt, und seitdem planen wir das immer mal wieder ein. Lustigerweise ist unser Freund, der Optiker, auch immer mit dabei, und er darf dann auch jedes Mal ein Haus für uns raussuchen und buchen.

Also, Florida Grund 1: Das Wetter (beim Warten am Zoll ziehe ich erst mal die FlipFlops an). Grund 2: Im November ist die Weihnachtsdeko dort schon voll „in season"! Und Grund 3: Was Süßes angeht, gibt es dort immer die verrücktesten Sachen. Letztes Mal hat mein Auge diese Brownies erspechtet. Zuerst dachte ich ja noch, was für eine total bescheuerte Idee, auf die gebackenen Brownies einen ungebackenen Keksteig zu verteilen und den dann zu essen. Aber nach einmal testen war dann schnell klar: Du musst das probieren. Die sind so unfassbar lecker. Den Keksteig habe ich extra ohne Ei gemacht, damit man ihn roh essen kann.

Brownies

175 g Butter
270 g Zartbitter Schoki
200 g weißer Zucker
110 g brauner Zucker
4 Eier
1 TT Vanille Extrakt
0,5 TL Salz
130 g Mehl

Schokodrop Keksteig

175 g Butter
150 g weißer Zucker
165 g brauner Zucker
0,25 TL Salz
2 EL Milch oder Sahne
1,5 TL Vanille Extrakt
130 g Mehl
180 g Schokodrops, zartbitter

Für die Brownies die Butter mit der Schoki schmelzen, danach alle anderen Zutaten dazugeben, in einer quadratischen Form mit 22 cm Länge bei 180 Grad C 25-30 Minuten backen. Für das Keksteig Topping alle Zutaten verrühren. Auf die erkalteten Brownies verteilen. Danach für 2 Stunden in den Kühlschrank stellen, so kannst Du sie am besten in Stücke schneiden.

Tassenwärmer

Jeder im Rosa Haus besitzt nun endlich seinen eigenen Tassenwärmer. Angefangen hab' ich mit der schokobraunen Strickjacke, weil ich die Idee mit den Knöpfen vorne so toll fand. Da Boris, wenn er Lust hat, gerne auch mal eine Fliege und Hosenträger anzieht, habe ich ihm passend dazu auch den Tassenwärmer gestrickt. Achim hat einen Ringelpulli bekommen und die Rote Katze trinkt ihre Milch nun aus einer Weihnachtsmanntasse. Damit konnte ich alle zufriedenstellen.

Wie funktioniert´s?

Für die benötigte Öffnung am Henkel habe ich die leichteste Variante genommen: einfach Schlaufen zum Zubinden angehäkelt. Für das Viereck um die Tasse, habe ich je nach Wolldicke zwischen 46 und 56 Maschen benötigt, das musst Du ausprobieren (lieber immer weniger Maschen nehmen, weil es ja um die Tasse gespannt wird, sonst rutscht das Ganze zu leicht runter). Bei der braunen Variante habe ich das kurze rechte Teil mit 11 Maschen brauner Wolle separat gestrickt. Die weiße Kante wird zum Schluss angestrickt und dann das lange und kurze Teil zusammengenäht, da die Knopfleiste nicht funktionsfähig ist.

Ursprünglich wollte ich nur einen Tassenwärmer für mich selbst stricken, aber der Boris hat sich wieder sofort beschwert. Mach Dich also darauf gefasst, dass es auch bei Dir nicht bei dem einen bleiben wird!.

Tassen Verteilung im Rosa Haus

Beiger Tassenwärmer: Die Fliege und die Hosenträger sind gestrickte Rechtecke. Die Fliege wird einfach in der Mitte mit Wolle umwickelt. Beides wird zum Schluss aufgenäht. Die Ärmel bestehen aus 10 Maschen und sind auf 3 Nadeln 4/4/2 gestrickt. Schwierig sind eigentlich nur die Handschuhe. Nach 2 Reihen Rot habe ich für den Daumen 2 Maschen stillgelegt. Für den Rest vom Handschuh hab' ich nach 3 Reihen die Hälfte der Maschen abgenommen.

HAPPY
HOLIDAYS

Durch die restlichen Maschen wird ein Faden gezogen und versäubert. Daumen: 2 Maschen aufgenommen (insgesamt also 4), und auf 2 Nadeln 2 Runden gestrickt, Faden durchgezogen und versäubert. Die Mini-Handschuhe zu häkeln, fiel mir sehr schwer. Aber vielleicht bist Du ja geduldiger als ich?! Wenn nicht: Später habe ich noch Knöpfe in Handschuhform entdeckt. Das wäre natürlich die einfachere Alternative gewesen!

Challah Brotkranz

Nach meinen beiden Backbüchern habe ich es hoffentlich mittlerweile geschafft, Dich mit dem Challahbread Fieber anzustecken! Zum ultimativen Weihnachtsauftritt habe ich eine neue Flechttechnik ausprobiert. Das Rezept ergibt zwei Brote (Das 2. hab' ich normal in einer Kastenform gebacken und eingefroren, Du kannst nie genug Challah haben.). Teile also die Hälfte des Teigs in 8 Teile und rolle aus jedem Teil einen Strang mit 30 cm Länge.

Auf den Fotos kannst Du erkennen, wie die Stränge geflochten werden. Lass' Dich nicht verwirren: Durch die gerade Anzahl der Stränge gibt es 4 Zöpfe aus 3 Strängen und 1 Zopf aus 4.

Vorteig:

1 Würfel frische Hefe oder 2 Pkg. Trockenhefe
1 Prise Zucker
550 ml warmes Wasser

Hauptteig:

2 Eier
125 ml Pflanzenöl
Schale von 1 Zitrone und 1 Orange (gerieben)
1,25 kg Mehl
1 TL Salz
100 g Zucker

1 Eigelb zum Bestreichen

Alle Zutaten des Vorteigs zusammenrühren und 15 Minuten gehen lassen. Nach der Gehzeit diese Hefemischung mit den Zutaten des Hauptteigs verkneten. 1 Stunde gehen lassen. Nach dem Flechten 1 Eigelb mit 2 EL Wasser verrühren und das Brot damit bepinseln. Ich habe dann noch etwas Mohn darübergestreut.

Das Brot im vorgeheizten Ofen bei 180 Grad C 30 Minuten backen.

Häkelgirlanden

Bei mir im Wintergarten im Rosa Haus sind vier Fenster nebeneinander, die sich natürlich super dafür eignen, irgendetwas Dekoratives reinzuhängen. Mit Kreidestift bemalen, mache ich ja sowieso (keine Angst, der geht wirklich wieder weg). Für jedes Fenster gibt es zu Weihnachten ein eigenes „Girlanden Häkelprojekt". Ich habe Dir für alle vier Projekte mal genau die Anleitung notiert. Wenn Du feste Maschen, halbe Stäbchen und Stäbchen kennst, sollte das für

Dich kein Problem sein. Als Einstieg finde ich die Schleifen mit Pompoms am einfachsten. Du wirst sehen, dass ich ganz oft mit dem „Magic Ring" beginne. Der wird auch oft Fadenring genannt. Das ist dann dasselbe! Solltest Du den nicht kennen oder können, muss Dich das gar nicht abhalten. Suche einfach im Internet auf einer Videoplattform nach einem „Tutorial". Es gibt verschiedene Möglichkeiten, den Ring zu machen. Suche Dir einfach die aus, die Dir am leichtesten fällt.

Glühbirne

Fange mit einem „Magic Ring" an,
Reihe 1: 4 feste Maschen in den Ring, mit 1 Kettmasche schließen
Reihe 2: 2 feste Maschen in jede Masche (=8)
Reihe 3: feste Maschen häkeln (=8)
Reihe 4: feste Maschen häkeln (=8)
Reihe 5: 1 feste Masche, 2 feste Maschen, wiederholen (=12)
Reihe 6: feste Maschen häkeln (=12)
Reihe 7: feste Maschen häkeln (=12)
Reihe 8: 1 feste Masche, 2 feste Maschen, wiederholen (=18)
Reihe 9: 1 feste Masche, 2.+3. zusammenhäkeln, wiederholen (=12)
Reihe 10: 1 feste Masche, 2.+3. zusammenhäkeln, wiederholen (=8)
Jetzt mit Füllwatte befüllen.
Auf schwarze Wolle wechseln.
Reihe 11: feste Maschen häkeln (=8)
Reihe 12: feste Maschen häkeln (=8)
Immer 2 Maschen zusammenhäkeln.

(1) Rundes Ornament

Fange mit einem „Magic Ring" an:
Reihe 1: 5 feste Maschen in den Ring, mit 1 Kettmasche schließen, 1 Masche häkeln
Reihe 2: 2 Stäbchen in jede Masche (=10), mit 1 Kettmasche schließen, 1 Masche häkeln
Reihe 3: 2 feste Maschen in jede Masche (=20), mit 1 Kettmasche schließen, 1 Masche häkeln
Reihe 4: 2 feste Maschen, 1 feste Masche, wiederholen (=30), mit 1 Kettmasche schließen, 1 Masche häkeln
Reihe 5: 3 feste Maschen, 1 Wendemasche, wenden
Reihe 6: 3 feste Maschen, versäubern

(2) Ovales Ornament

11 Luftmaschen. Starte das Muster in der 2. Masche von der Häkelnadel.
Reihe 1: 2 x feste Masche, 2 x halbes Stäbchen, 2 x Stäbchen, 2 x halbes Stäbchen, 2 x feste Masche, 1 Wendemasche, jetzt musst Du drum herum häkeln im Oval, also an der Unterseite von dem bisher Gehäkeltem.
Reihe 2: 2 x feste Masche, 2 x halbes Stäbchen, 2 x Stäbchen, 2 x halbes Stäbchen, 2 x feste Masche, 1 Wendemasche
Reihe 3: Du musst weiter im Oval häkeln, in jede Masche 1 feste Masche, mit 1 Kettmasche schließen.
Reihe 4: 3 feste Maschen, 1 Wendemasche, wenden
Reihe 5: 3 feste Maschen, versäubern

3

Tropfenförmiges Ornament

7 Luftmaschen. Starte das Muster in der 2. Masche von der Häkelnadel.

Reihe 1: 6 feste Maschen in die Luftmaschenkette. 1 Wendemasche

Reihe 2: Du musst weiter im Oval häkeln, 6 feste Maschen, 1 Luftmasche, mit 1 Kettmasche schließen.

Reihe 3: 2 feste Maschen in jede Masche, mit 1 Kettmasche schließen, 1 Wendemasche, wenden

Reihe 4: 7 feste Maschen, 1 Stäbchen, 1 Luftmasche, 1 Stäbchen, dann in die restlichen Maschen jeweils 1 feste Masche, mit 1 Kettmasche schließen, versäubern

Reihe 5: Der Aufhänger muss hier leider extra gehäkelt werden. In der oberen Mitte des Ornaments 3 feste Maschen, 1 Wendemasche, 3 feste Maschen, versäubern.

Schleife mit Pompoms

33 Luftmaschen, feste Maschen ab der 2. Masche von der Häkelnadel, 1 Wendemasche, wenden

Reihe 1-15: 32 feste Maschen, 1 Wendemasche, wenden

Reihe 16: 32 feste Maschen, versäubern

Das entstandene Viereck wird nun an den schmalen Seiten mit passender Wollfarbe zusammengenäht. Nun die Wollfarbe wechseln. Die Mitte der Schleife damit mehrmals umwickeln und hinten festknoten. Mit einem „Pompommaker" kleine Pompoms gewickelt, und jeweils 2 davon in die Mitte der Schleife gebunden.

Wimpel

2 Luftmaschen, 1 feste Masche in die 2. Masche von der Häkelnadel, 1 Wendemasche, wenden

Reihe 1: 3 feste Maschen in die 1. Masche, 1 Wendemasche, wenden (2 Maschen zugenommen)

Reihe 2: 3 feste Maschen, 1 Wendemasche, wenden

Reihe 3: in die 1. Masche 2 feste Maschen, in die mittlere kommt 1 feste Masche, in die letzte Masche wieder 2 feste Maschen, 1 Wendemasche, wenden (2 Maschen zugenommen)

Reihe 4: feste Maschen, 1 Wendemasche, wenden

So weitermachen bis Du 25 Maschen hast. Dann 5 Reihen häkeln ohne zuzunehmen. In der 30. Reihe in die letzte Masche 3 feste Maschen häkeln. Dann außen herum mit festen Maschen häkeln. Die Spitze unten und obere Ecke wieder mit 3 festen Maschen in 1 Masche häkeln. Mit 1 Kettmasche schließen, versäubern. Um einen Spruch auf die Wimpel zu häkeln, mit der Häkelnadel durchstechen und eine Wollschlaufe hochholen. Mit einem 5 mm Abstand wieder durchstechen, Faden hochholen und durch die Schlaufe ziehen. Vom Prinzip her ist das wie eine Luftmasche häkeln, nur mit dem Wimpel dazwischen. Ich hab' das Wort nicht vorher darauf markiert. Am Ende: Alle Wimpel an ein Webband nähen.

A JOLLY CHRISTMAS

Für den essbaren Kranz brauchst Du Sterneausstecher in verschiedenen Größen und Formen. Ich habe für das Foto einen Lebkuchenteig genommen. Die Sterne werden gebacken und mit einem Puderzucker/Eiweiß-Icing verziert. Als Untergrund hab' ich mir einen Ring aus dem Teig ausgeschnitten (großer und kleiner Teller als Schablone) und gebacken. Darauf werden dann die Sterne verteilt und mit dem Icing fixiert. Breite Schleife dran und aufhängen. Aufpassen, dass keiner vorbeikommt und ihn sofort anknabbert! Du hast wahrscheinlich keinen Praktikanten im Haus, aber vielleicht Kinder und/oder einen Mann? Vorsicht also!

Das sind Granolagläser, gebacken/verpackt und gestapelt. Das ist nach wie vor mein Lieblingsprodukt an Weihnachten. Schmeckt lecker, hält sich lange frisch.

Das Granola Rezept aus „Backen mit Love", also gebackenes Müsli, ist nach wie vor mega beliebt bei den Freunden, und ich bekomme immer ganz brav die leeren Gläser zurück. Allerdings mit dem Vermerk "free refill" darauf. Jetzt gibt es aber was Neues, denn ich habe im USA Urlaub Granola Bark entdeckt, das sind die gleichen Zutaten, jedoch mit einer leckeren Karamell- und Honignote, und es sind so ganz dicke knackige Stücke. Wir mussten im Urlaub jeden Tag neues kaufen, weil auf unerklärliche-weise die Tüte jeden Morgen leer war?! Es schmeckt einfach so unglaublich gut. Natürlich wollte ich dieses Produkt auch zuhause herstellen, und ich habe gefühlt Tonnen an Granola gebacken und an Nachbarn verteilt, die haben mir dann schön ihre Testergebnisse mitgeteilt wie "ich fand das Erste war besser" oder "mehr Schokolade bitte" etc. Aber ich war unzufrieden. Es war nie richtig. Bis ich durch Zufall auf die Lösung kam: Wenn Bäcker Florentiner backen, dann gibt es dafür einen Knuspermix, mit dem werden die Nüsse gemischt, und dann gebacken. Als ich das entdeckt hatte, war klar, warum das Ergebnis mich bisher nie überzeugt hat. Der Knuspermix hat gefehlt! Im Internet wird es auch als Bienenstichmix oder Florentinermix angeboten, und das ist die geheime Zutat!

Rezept:

100 g Schokodrops
100 g gehackte Walnüsse
50 g Rosinen
75 g getrocknete Cranberries
90 g kernige Haferflocken
40 g gehobelte Mandeln
70 g ganze Mandeln
60 g Sonnenblumenkerne
120 g Kürbiskerne
30 g Sesam

Boris' 1-Zimmer Appartement im Garten

Alle Zutaten mit 300 g Knuspermix mischen, in eine Backform geben, leicht zusammendrücken und bei 180 Grad C 10 Minuten backen. Das weiße Knuspermix ist dann geschmolzen und hat alle Zutaten zu einer Platte zusammengebacken. Nach dem Erkalten in Stücke brechen. Es gibt nix Besseres! Es würde sich eigentlich in Tüten, Gläser oder Dosen verpackt wochenlang frisch halten.

SEITE VON MIR

EIN TREFFEN MIT HERRN SCHRÖDER dem GÄRTNER

ANDREA HATTE HEUTE EIN TREFFEN MIT HERRN SCHRÖDER, DAS IST DER GÄRTNER. ER HAT ZUM BEISPIEL DEN ZIKRUSWAGEN GEBAUT, IN DEM ICH WOHNE. DIE BEIDEN VERSTEHEN SICH SEHR GUT. HERR SCHRÖDER VERSTEHT AUCH, DASS BEI ANDREA NICHTS GERADE ODER CLEAN WERDEN DARF. DIE WINTERMEETINGS WERDEN GENUTZT, UM ANSTEHENDE NEUE PROJEKTE ZU BESPRECHEN. ES IST GERADE DAS WORT "PIZZAOFEN" GEFALLEN, HMM, MIR LÄUFT JETZT SCHON DAS WASSER IM MUND ZUSAMMEN. UM DAS PROJEKT DIREKT ZU UNTERSTÜTZEN, HABE ICH DEN BEIDEN EINE HEIẞE SCHOKOLADE MIT MARSHMALLOW SCHNEEMÄNNERN SERVIERT. DIE KÖRPER HALTEN DURCH HOLZSPIEẞE ZUSAMMEN, UND SIND MIT EINGEFÄRBTER EIWEIẞ-PUDERZUCKER-MASSE BESPRITZT.

Gehäkelter Kranz

Weil ich die Kränze so toll finde, habe ich gleich mehrere davon gemacht. Der schönste hat es jetzt ins Buch geschafft. Das Prinzip ist immer gleich: Du musst als Erstes einen Styroporring aus dem Bastelgeschäft umhäkeln oder -stricken. Das ist ein Viereck, die Breite ergibt sich durch den Umfang vom Ring. Die Länge einfach abmessen. Sie sollte gedehnt einmal um die Außenkante vom Ring passen. Dieses Viereck wird dann um den Ring gelegt und hinten wie eine Wurst zusammengenäht. Was dann obendrauf kommt, kannst Du Dir ja überlegen. Bei meinem hier sind das Wichtigste die Stechpalmenblätter. Die muss ich Dir genauer erklären. Die roten Knöpfe sollen die Beeren sein, außen herum habe ich rot-weiße Filzkugeln geklebt, die Schleife ist gestrickt und darunter sind Pompoms und umhäkelte Styroporkugeln. Ich wollte noch Zuckerstangen annähen, aber das wurde dann selbst mir zu viel.

Mit den Stechpalmenblättern habe ich auch Girlanden gemacht oder Karten beklebt. Die sind sehr vielseitig und ich habe davon abends beim Fernsehen unermüdlich gefühlt Tausende gehäkelt.

Gehäkelte Stechpalmenblätter

Bild 1

10 Luftmaschen,
beginne nun in der 2. Masche mit folgenden Maschen:

1. feste Masche, 2. feste Masche,
3. halbes Stäbchen, 4. Stäbchen,
5. 2 x Stäbchen in 1 Masche,
6. Stäbchen, 7. halbes Stäbchen,
8. feste Masche, 9. feste Masche.

Nun bist Du am Ende der 1. Seite und Dein Blatt sollte aussehen wie auf Bild 1.

Mache 1 Luftmasche, damit Du um die Ecke kommst. Dann kommen die gleichen Maschen wieder für die 2. Hälfte vom Blatt: feste Masche, feste Masche, halbes Stäbchen, Stäbchen, 2 x Stäbchen in 1 Masche, Stäbchen, halbes Stäbchen, feste Masche, feste Masche. Nun bist Du am Ende der 2. Seite. Mache 1 Kettmasche um die Runde zu schließen. (Bild 2)

Bild 2

Nun musst Du eine weitere Runde rund um's Blatt machen, um die Zacken darzustellen. Beginne mit 1 Kettmasche. 1. Zacke: feste Masche, 2 Luftmaschen, 1 Kettmasche in die 2. Masche, noch mal 1 feste Masche in die gleiche wie vom Anfang. Das war die erste Zacke! Kettmasche in die nächsten beiden Maschen. Jetzt kommt die 2. Zacke, sie geht wie die 1. Zacke (Bild 3). Danach wieder Kettmasche in die nächsten beiden Maschen. Nun noch die 3. Zacke, geht auch wie die 1. Du bist jetzt am Ende der 1. Reihe und hast 3 Zacken. Mache 1 4. Zacke genau in die hintere Mitte vom Blatt. Dann musst Du wieder 3 Zacken häkeln, selbes Prinzip wie bei der ersten Hälfte.

Bild 3

Bild 4

Mache 1 Kettmasche in die letzte Masche, aber schneide den Faden nicht ab, denn es fehlt noch der Stiel! Jetzt kommen 4 Luftmaschen, und danach in die 2. Masche 1 Kettmasche, und in die restlichen 2 je noch mal 1 Kettmasche. Jetzt fehlt nur noch die Struktur in der Mitte vom Blatt. Dazu musst Du mit der Häkelnadel durch das Blatt stechen, den Faden hochholen und

durch die Masche ziehen (wie eine Luftmasche, nur mit dem Blatt dazwischen, Bild 4). Das machst Du nun bis zur Blattspitze. Arbeite ganz locker, den Faden gar nicht fest anziehen, sonst wellt sich nur Dein Blatt! Jetzt kannst Du den Faden abschneiden und versäubern. Geschafft. Ich geb' zu, die Anleitung liest sich komplizierter als das Projekt selbst ist.

Da mein Praktikant ja morgens immer supermüde ist und sich überhaupt nichts merkt, was ich ihm sage, hab' ich einen Trick: Ich beschrifte einen Papierbecher mit seinen Aufgaben für diesen Tag. Ohne seinen Kaffee am Morgen wird er nicht wach, also finden meine Notizen schließlich auf jeden Fall Beachtung! Die Becherhülle habe ich mit einer „die cut" Stanzmaschine gemacht. Dafür gibt es spezielle Becherschablonen. Du kannst das natürlich auch aus Weihnachtspapier stanzen.

Das geht natürlich auch mit der Schere, dauert dann halt ein bisschen länger. Für Deine nächste Glühwein-Party eine stylische Idee. Normale Becher sind immer so langweilig.

Gingerbread Man Tischset

Diese tollen Tischsets mit Karo-Serviette waren eines der meist fotografiertesten Deko-Elemente bei meinen Weihnachts Tearooms. Damit Du die nachmachen kannst, gibt´s nun hier die Anleitung. Wenn Du nähen kannst, ist das Projekt überhaupt kein Problem, es ist durch die vielen Einzelteile und Details nur etwas aufwändig. Aber sieht ja auch toll aus! Das lohnt sich.

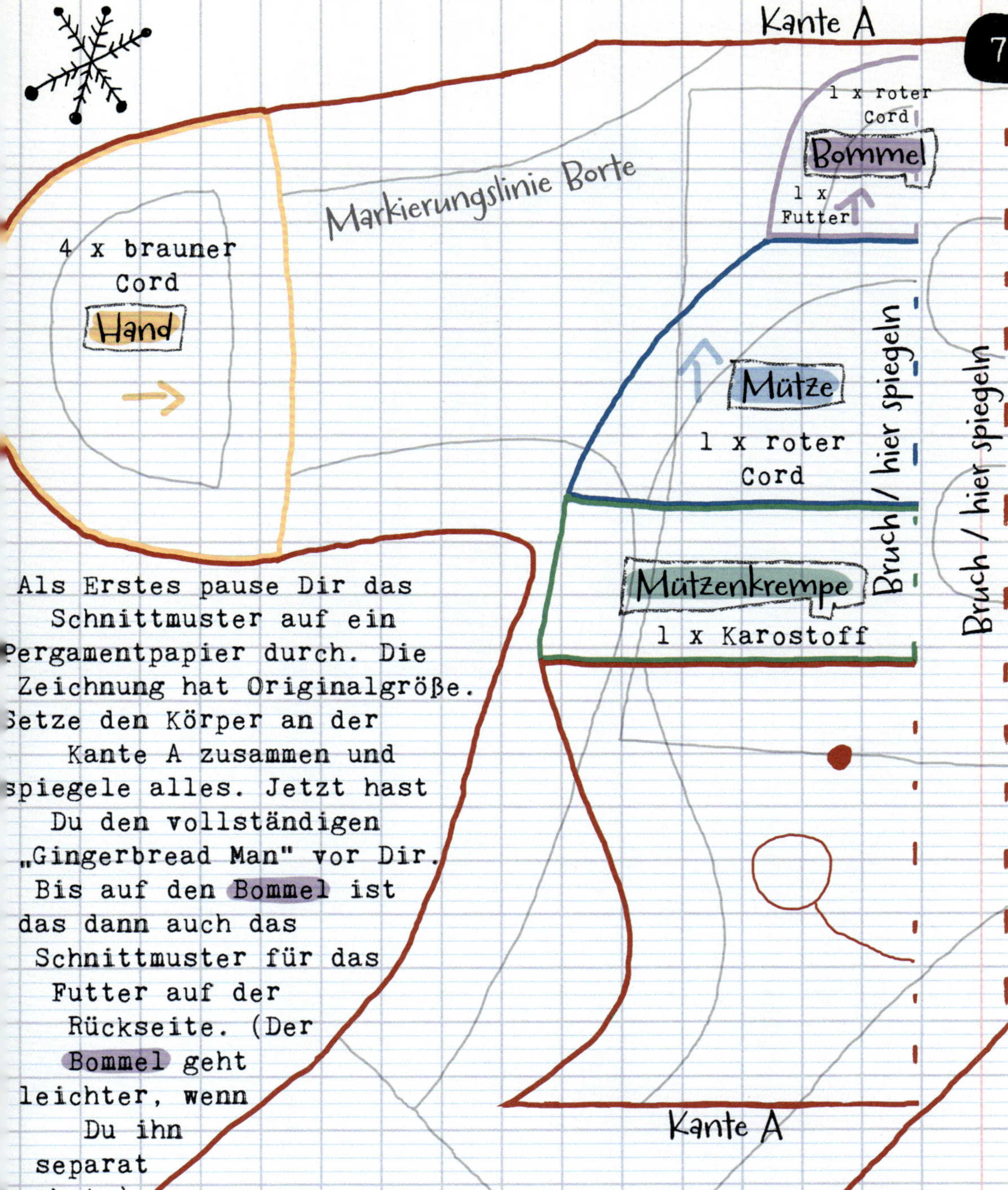

Als Erstes pause Dir das Schnittmuster auf ein Pergamentpapier durch. Die Zeichnung hat Originalgröße. Setze den Körper an der Kante A zusammen und spiegele alles. Jetzt hast Du den vollständigen „Gingerbread Man" vor Dir. Bis auf den Bommel ist das dann auch das Schnittmuster für das Futter auf der Rückseite. (Der Bommel geht leichter, wenn Du ihn separat machst.)

Der Eggnog wird bei gutem Wetter gerne draußen serviert! Für den schönen Rand musst Du das Glas nur mit Eiweiß bestreichen und danach in die Zuckerstreusel tunken. Das klebt perfekt!

Jetzt kannst Du das Futter und dann die Einzelteile für den Oberstoff zuschneiden. Alle Schnittteile sind ohne Nahtzugabe! Achte auf den unterschiedlichen Fadenlauf der Rippen vom Cord bei den Händen im Vergleich zum Körper!

Du hast folgende Materialliste:

brauner Feincord
(1 x Körper, 4 x Hand)
roter Feincord
(1 x Mütze, 1 x Bommel, 2 x Wange)
Futterstoff
(1 x Körper mit Mütze, 1 x Bommel)
Karostoff
(1 x Mützenkrempe)

Zusätzlich benötigst Du:
roten Karostoff (für Serviette Quadrat 25 cm), Zick-Zackband in verschiedenen Breiten und Farben, weißen Stoff (für 2 x Knöpfe), Stickgarn (in beige für Mund, Rot für "+" in den Knöpfen, Schwarz für Augen), beidseitig klebbare Vlieseline.

Jetzt geht´s an das Nähen:

1. Alle Zick-Zackbänder auf den Körper, die Hände, Mütze und Bommel nähen (Markierungslinien in grau).
2. Bommel verstürzen und wenden. 3. Knöpfe und Wangen mit Vlieseline aufbügeln, danach von Hand annähen. 4. Mit Stickgarn die "+", den Mund und die Augen sticken.
5. Beide extra Hände verstürzen, wenden und abgerundete Kante nach innen bügeln und auf den Körper nähen (da die Hand die Serviette hält, ist sie 4-lagig genäht (1 x Cord/Cord, 1 x Cord/Futter). Damit eine Schlaufe zum Durchziehen entsteht, musst Du später die Hand vorne an der Kante mit der verstürzten Hand vom Körper zusammennähen, (s.11.). 6. Karo-Mützenkrempe an Cord-Kopf nähen.
7. Verstürzter Bommel an Mütze nähen, Mütze an restlichen Körper nähen. 8. Futterstoff an den Gingerbread Man nähen, dabei musst Du irgendwo ein 5 cm Stück zum Wenden offen lassen (z. B. am Bein). 9. Nahtzugabe beschneiden, wo nötig, wenden, bügeln. 10. Offene Stellen von Hand zunähen. 11. Die verstürzten Hände nun noch mit der Hand vom Futter des Gingerbread Man an der Kante zusammennähen. 12. Versäuberte Karoserviette durch die entstandene Schlaufe ziehen.

Boris liegt mir mir nun schon seit Wochen in den Ohren, wie unglaublich toll er diesen skandinavischen „Kransekake" Turmkuchen findet. Er bekommt ihn wohl auch immer von seiner Mama am Nordpol zu Weihnachten gebacken.

Ich habe mich also mal mit dem Thema beschäftigt. Wahrscheinlich hat er auch ein bisschen Heimweh. Als es gestern geschneit hat, stand er am Küchenfenster und hat ganz traurig rausgeschaut. Da hat er mir schon arg leid getan und ich wollte ihm also was Gutes tun! Heute ist Kinoabend für alle Praktikanten in Burg. Da habe ich die Küche für mich allein. Der Teig geht ganz leicht und für die ganzen kleinen Ringe, die daraus gebacken werden, musst Du nicht unbedingt eine Backform haben. Du kannst auch Teigringe in unterschiedlichen Größen mit den Händen formen. Da ich jetzt natürlich einen supertollen Kransekake präsentieren wollte, habe ich mir extra die Backformen im Internet bestellt.

Teig:

500 g gemahlene Mandeln
500 g Puderzucker
4 Eiweiß
1 TL Vanille Extrakt

Icing:

3 Eiweiß
600 g Puderzucker

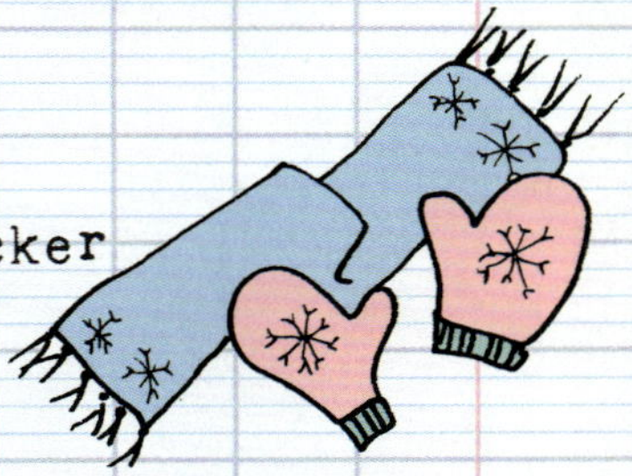

Für den Teig alles verrühren und ihn dann zu fingerdicken „Würsten" ausrollen. Danach in Ringe legen und die Enden gut miteinander verbinden. Je nach Größe zwischen 15 und 30 Minuten bei 180 Grad C backen. Beim Icing Eiweiß mit Puderzucker verrühren, Schlangenlinien draufspritzen und Ringe zu einem hohen Turm aufeinanderlegen.

Der Boris mag es ja gerne süß, deshalb hab' ich für ihn noch ein paar extra kleine Sternchenkekse aus Vanilleteig gebacken und den Kuchen dann auch damit verziert.

Ich weiß noch gar nicht genau, wie ich den Kuchen übergeben werde. Entweder heimlich in seinen Zirkuswagen stellen oder als Überraschung, wenn er heimkommt auf dem Küchentisch.

Häkelkante

Jedes Geschirrhandtuch oder jede Tischdecke sieht mit der gehäkelten Kante doch gleich viel besser aus. Und Du kannst Deine Wollreste bei diesem Projekt auch endlich mal aufbrauchen.

Bild 1

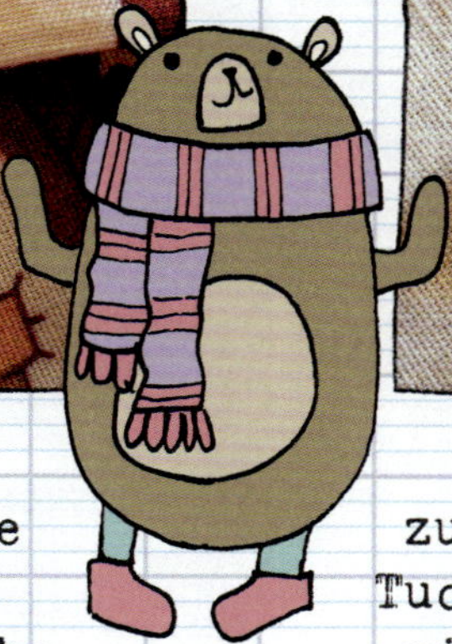

Bild 2

Für eine Häkelkante zuerst über die ganze Breite von Deinem Tuch einen Schlingenstich ansticken. Ich habe mir mit einem Stift Markierungen mit 2,5 cm Abstand gemalt (Bild 1). Danach wird zuerst der Faden mit einem Knoten am Stoff fixiert (Bild 2). Beim Schlingenstich wird der Faden von unten nach oben durch den Stoff gezogen, damit sich eine Schlaufe bildet. Nun wird der Faden durch die Schlaufe geführt und festgezogen (Bild 3). So oft wiederholen, bis Du am Ende der Reihe bist. Vernähen. Für die Häkelkante werden in jede der 2,5 cm Schlaufen folgende Maschen gehäkelt: Kettmasche, feste Masche, 2 x Stäbchen, feste Masche, Kettmasche (Bild 4). Fertig ist Deine Häkelkante.

Bild 3

Bild 4

Winter Eggnog Trifle

Der enthält: Brownies, Sahne, Karamell, kalt gerührten Vanillepudding (anstatt mit Milch hab' ich frischen Eggnog genommen). Der Trifle schmeckt genauso wie er auch aussieht! Die Brownies kannst Du ja schon am Vortag backen, Du brauchst dann nur noch Gläser zum Reinschichten der Zutaten. Immer abwechselnd habe ich Browniewürfel, Karamell und Eggnogpudding eingefüllt. Und schon höre ich die galoppierenden Hufe ...

Marshmallows

Ich liebe ja Marshmallows. Hier eine weitere Möglichkeit, die richtig schön weihnachtlich in Szene zu setzen. Zuerst in flüssige Schokolade tunken und danach in tolle Zuckerstreusel, sieht super aus! Boris, der alte Charmeur, hat welche auf Strohhalme gesteckt und dann an meine Crafternoon Mädels verschenkt. Die waren von Boris begeistert.

LET IT SNOW
HO.
HO.
HO.

Ich mag es ja, wenn die Tischdeko essbar ist. Da kann man hier und da ein bisschen schnabulieren und knabbern, das macht einfach Spaß. Für die runden Kekse mit Gesichtern habe ich aus Keksteig Kreise ausgestochen und gebacken, dann ein Icing aus Eiweiß und Puderzucker hergestellt und rot, grün und schwarz eingefärbt. Verziert habe ich die Cookies mit einer feinen Spritztülle. Dabei habe ich versucht, den Keksen verschiedene Gesichtsausdrücke zu geben. Aufwändiger sind natürlich die „Strickpullis", funktionieren aber nach dem gleichen Prinzip. Von „Wilton" gibt es den Ausstecher. Beim Verzieren habe ich die verschiedenen Designs erst mal auf Papier vorgemalt.

SCHnabulieren auf DEM WEIHNACHTSMARKT

* und DAS bei einem Besuc

WAS ich alles SCHON probiert hab*

LEBKUCHENHERZEN

Schatz

Zauber Maus

POMMES mit Mayo

belgische Waffeln mit SAHNE

CREPE mit SCHOKO + Banane

GLÜHWEIN

Heidelbeer mag ich am liebsten

BRATWURST mit BRÖTCHEN

Kartoffelpuffer mit Apfelmus

Pilzpfanne mit Knobi

heiße SCHOKI mit Sahne

ZUCKERWATTE

SCHOKO BANANE

gebrannte Mandeln

Liebesapfel

KRAKAUER mit Sauerkraut

Tischkarten

Nach wie vor gibt es bei mir den "Ugly Sweater Abend" vor Weihnachten. Der findet auch trotz härtestem Weihnachtsstress statt. Bei meiner Überlegung, was für Tischkarten ich machen könnte, bin ich auf Keksausstecher von Wilton gestoßen. Damit kann man kleine Häuser ausstechen. Nach dem Backen müssen die Teile noch mit einer Eiweiß-Puderzucker-Mischung zusammengesetzt und verziert werden. Dabei fiel mir auf, dass es ganz schön praktisch sein kann, wenn die Freunde kurze Namen haben, puh!

Alkoholische Getränke dürfen an Weihnachten durch Gestricktes oder Genähtes hübsch gemacht werden. (Di Brosche ist leider nicht das Origina aus dem Last Christmas Video.)

Heute ist Prüfungstag im Rosa Haus! Da bin ich selbst ganz überrascht, aber diesen Tipp hat mir der Weihnachtsmann noch gegeben: Wenn es mit Boris und seinem ganzen Schabernack zu viel wird, dann kann man ihn damit für eine gewisse Zeit auf seinen Hosenboden setzen. Man muss nur eine Prüfung veranstalten. Da ist sein Ehrgeiz immer groß. Jetzt bin ich auf so etwas nicht vorbereitet, aber das braucht Boris ja nicht zu wissen. Ich habe also schnell eine „Klausur" erfunden, die Boris sehr ernst genommen hat. Ich hatte für 60 Minuten meine Ruhe. Jetzt ist nur das Problem, dass er bei den Nachbarn mit seiner Note ständig angibt.

Name: BORIS

Schriftliche Prüfung
Wintersemester 2015
Klausur Ta367/21
Jahrgangsstufe

SCHOOL OF BAKING
ROSA HAUS

Hinweise: Beantworten Sie die Fragen möglichst knapp und stichpunktartig. Teilen Sie sich die Zeit ein. Zur Bearbeitung benötigen Sie Schreibmaterial (Stifte, Radiergummi, nicht programmierbaren Taschenrechner). Weitere Hilfsmittel sind nicht zulässig.

Bearbeitungszeit: 60 Minuten maximale Punkte: 15

Aufgabe:

Sie können auf dem Foto einen "Gretchenkuchen" sehen. Bitte beachten Sie dabei die Struktur des Kuchens. Er sieht eventuell wie ein normaler Marmorkuchen aus. Das ist er aber nicht. Geschmacklich ist er sehr viel saftiger.

a) Erläutern Sie bitte, warum das Ihrer Meinung nach so ist.
b) Beschreiben Sie, was Sie für Zutaten für einen Gretchenkuchen benutzen würden?
c) Vergleichen Sie einen normalen Schokoladenguss mit dem Guss dieses Kuchens.

A.) ALSO, DAS IST JETZT ABER SUPERLEICHT FÜR MICH ZU LÖSEN, ICH KANN SOGAR DAS GANZE REZEPT DAFÜR AUFSCHREIBEN! ANDREA WAR MIT BERNADETTE IRGENDWO IN KÖLN FRÜHSTÜCKEN UND DANACH SIND DIE BEIDEN NOCH RUMGELAUFEN DURCH DIE STADT. BEI IRGENDEINEM ALTEINGESESSENEN KONDITOR STAND WOHL DIESER KUCHEN IM SCHAUFENSTER UND ANDREA WOLLTE IHN SOFORT NACHBACKEN. DA SIE JA NUN DEN EINEN KONDITOR KENNT, HAT SIE SOFORT DEN DIETER VOM CAFE BURGHOF ANGERUFEN UND DER KONNTE IHR DAS REZEPT GEBEN (ALTEINGESESSENE KONDITOREN HALT!). DA IN DEN SCHOKOTEIG FLÜSSIGE SCHOKOLADE REINKOMMT UND DER HELLE "BLUBB" IM KUCHEN MIT FRISCHKÄSE GEMACHT WIRD, SCHMECKT DER NATÜRLICH GANZ ANDERS ALS EIN NORMALER MARMORKUCHEN.

ZU AUSSCHWEIFEND

1 PT

1 PT

1 2 3 4 5 6 7 8 9 10 11 12 13 14 15 16 17 18 19 20

Schriftliche Prüfung Klausur Ta367/21 **Name:** BORIS

B.) UND HIER GLEICH MAL DIE ZUTATEN DAFÜR, DER DUNKLE TEIG GEHT SO: 250 G BUTTER, 200 G FLÜSSIGE ZARTBITTER SCHOKI, 300 G BRAUNER ZUCKER, 2 EIER, 350 ML MILCH, 30 G KAKAO, 275 G MEHL, 1 GEHÄUFTER TL BACKPULVER 5PT
UND DAS IST DER HELLE TEIG: 400 G FRISCHKÄSE, 120 G ZUCKER, 2 EIGELB
ALLE ZUTATEN FÜR DIE BEIDEN TEIGE VERRÜHREN. ANDREA HAT DAS MIT DEM SCHNEEBESEN VON HAND GEMACHT. DIE HÄLFTE VOM SCHOKOTEIG IN EINE GUGELHUPFFORM FÜLLEN, DARAUF DEN HELLEN TEIG VERTEILEN UND ZUM SCHLUSS NOCH DEN REST VOM SCHOKOTEIG OBENDRAUF. NUN MIT EINER GABEL EINMAL DURCHSWIRLEN. DER WIRD BEI 180 GRAD C IM VORGEHEIZTEN BACKOFEN CA. 1 STUNDE GEBACKEN. 3PT

C) OBENDRAUF KANN ICH SCHOKOGUSS ODER EINE GANACHE MACHEN. BEI NORMALEM SCHOKOGUSS WIRD NUR DIE SCHOKOLADE ERWÄRMT UND DRAUF VERTEILT, AUF DEM FOTO ERKENNE ICH EINE GANACHE, DA KOMMT ALSO NOCH SAHNE, ZUCKER UND BUTTER ZUR SCHOKOLADE DAZU! FÜR DIE GANACHE BRAUCHE ICH 330 ML SAHNE, 500 G ZARTBITTER SCHOKI, 200 G PUDERZUCKER, 130 G BUTTER. DIE SCHOKI WIRD IN DER SAHNE IM TOPF GESCHMOLZEN. ZUM SCHLUSS KOMMT DER PUDERZUCKER UND DIE BUTTER NOCH DAZU. DANN KANN ICH SIE ABKÜHLEN LASSEN UND DANACH AUF DEM KUCHEN VERTEILEN. 5PT

15PT

NOTE: 1

GANZ TOLL BORIS

Weihnachtsmarmelade

Auch im Winter gibt es bei mir Marmelade, hier z. B. Zwetschge mit Glühweingewürz. Das andere Glas ist süße Orangenmarmelade mit Honig und einem Schuss Whiskey. An Weihnachten darf es ja auch ein bisschen blinken, deshalb gebe ich gerne essbaren Glitter dazu. Vielleicht kannst Du das auf dem Foto gerade noch so erkennen? Da reicht schon eine kleine Menge Gold für den Effekt und Du hast "Glitterati"-Marmelade die „sparkled" ...

Reklamation von Boris

Es gibt zu wenig Schränke oder Regale in seinem Zirkuswagen. Bevor ich irgendwie reagieren kann, sehe ich ihn mit meinen Bio-Abfall braunen Säcken losziehen. Er hat schwarze Acrylfarbe und rote Wolle in den Pfoten?! Beim nächsten Besuch im Zirkuswagen war ich dann sehr verblüfft: Er hat die Säcke bemalt und alle Sachen jetzt darin gelagert. Was für eine super Idee!

Adventskranzgläser gefüllt mit Zahlenkeksen

merry and bright

Für diesen Adventskalender hab' ich Schachteln und Rosetten selbst ausgestanzt und noch mit Zahlen bestempelt. Wenn Du keine Stanzmaschine hast, kannst Du die ja auch fertig kaufen. Die Schachteln sind noch mit rotem Masking Tape zugeklebt und danach hab' ich sie einfach an den Holzbaum gehängt. Die beste Idee für einen Adventskalender kommt aber von Silke: Jedes Jahr machen 24 ihrer Freundinnen je 24 Päckchen mit gleicher Nummer fertig. Der Inhalt kann selbst gemacht oder gekauft sein. Silke macht daraus dann 24 Kalender und verteilt die wieder zurück an die Freundinnen. Ich finde das eine super Aktion.

Reynolds
LIEBER Santa!
ICH BIN'S, ANDREA.
ZU WEIHNACHTEN WÜNSCHE ICH MIR:
1.
2.
3.
4.
ICH WAR WIRKL
SEHR
BRAV.
UND AM 24. WILL ICH AUF FOLGENDES VERZICHTEN:
KEKSE
SCHOKI
EGGNOG
BAL-LEYS
eat DRINK AND be merry

Ich überlege mir ja jedes Jahr, wie ich meinen Wunschzettel gestalte. Aus sicherer Quelle weiß ich, dass der Weihnachtsmann besonders schöne mehr beachtet! Boris hat auch einen. Er hat einen Lebkuchen mit einem Lebensmittelstift beschriftet. Was er wohl wieder mit seiner Bemerkung im Schilde führt?

MERRY CHRISTMAS
KONDITOREI
Cafe
Elfen Poststelle

Auch dieses Jahr wollte ich unbedingt wieder eine Wunschzettelabgabe veranstalten. Da Boris allerdings im Zirkuswagen wohnt, musste eine neue Elfenpoststelle her. Der Dieter aus dem Cafe Burghof ist nicht nur Spezialist für Zwieback und Burger Brezeln, sondern auch handwerklich immer gut unterwegs. Er hat eine ganz tolle neue Elfenpoststelle gebaut. Die haben wir dann vor dem Cafe Burghof aufgestellt. Wir hatten Glück und es kam dieselbe nette Elfe wie das Jahr zuvor. Boris war natürlich auch im Glück, weil er endlich Besuch aus der Heimat bekam!

Die Poststelle sah so unglaublich gut aus, dass der Dieter jetzt eigentlich Folgeaufträge von den Leuten aus „Efteling" bekommen müsste! Ich habe dann noch einen Briefkasten „umfunktioniert". In dem haben wir die Wunschzettel gesammelt, und täglich an den Weihnachtsmann weitergeleitet.

heute ist

NIKOLAUS TAG

6.12.

in Deutschland.

SCHUHE MÜSSEN geputzt sein

DAS BEDEUTET

JEMAND, DER aussieht wie der WEIHNACHTS-MANN, ABER gar nicht der WEIHNACHTSMANN ist, kommt in DER NACHT und versteckt SÜSSIGKEITEN in SCHUHE

1. SIEHT AUS WIE DER WEIHNACHTSMANN

2. ist NICHT der WEIH-NACHTS-MANN!

Brownie Sterne

Aus fertig gebackenen Brownies kannst Du zur Weihnachtszeit auch mal Sterne ausstechen! Der Ausstecher darf dabei allerdings nicht zu filigran sein. Es geht leichter, wenn Du von der gebackenen Seite aus ausstichst. (Die Brownie-Oberfläche bekommt beim Ausstechen sofort überall Risse.) Für weiße Sterne hab' ich dann noch Puderzucker darübergestreut.

Meine neuen Elfenschuhe

Bei uns gibt es unter der Woche meistens Porridge zum Frühstück. Die Rote Katze bekommt ihr Trockenfutter für „Räuber". Man weiß allerdings nie so ganz genau, wann der Praktikant erscheint. Das Porridge muss aber ganz frisch und heiß sein, sonst gibt's gleich wieder Beschwerden. Ich mache den Herd also erst an, wenn die Türe vom Zirkuswagen aufgeht, und ich seine Hörnchen am Fenster vorbeilaufen sehe. Heute Morgen jedoch „Fehlanzeige". Kein Laut aus dem Zirkuswagen, nicht 'mal Licht. Da muss ich erst mal nachsehen, was da los ist.

Boris hat „Magen/Darm"

Da liegt ein jammernder Boris im Bett, dem es ganz arg schlecht ist. Keine der sonst üblichen lustigen Sprüche oder frechen Bemerkungen. So übel ist es ihm, er kann gar nicht aufstehen. Beim näheren hinschauen entdecke ich doch tatsächlich lauter leere Papierchen und Boxen um ihm rum. Da hat er also gestern Abend jede Menge Schnapspralinen schnabuliert, kein Wunder geht es ihm schlecht! Anstatt des bestellten Kaffees, bekommt er jetzt erst mal einen Kamillentee gebracht, und hat bis auf Weiteres Schnapspralinenverbot!

Für Weihnachten bin ich immer auf der Suche nach guten Fotohintergründen. Die machen sich super für Weihnachtskarten! In Holland habe ich diese riesige Tafel entdeckt, was war ich im Glück! Da ich an dem Tag mit unserem Pickup unterwegs war, gab es auch keine Transportprobleme. Bemalt habe ich sie mit flüssigem Kreidestift, der nicht verwischt. Bevor ich die Tafel beim Tearoom später im Burghof aufgestellt habe (für gefühlt Tausende von Fotos!), haben wir noch Bilder von Freunden im Garten gemacht.

Nuss-Karamell-Schnitten

Damit die Kartenfotos vor der Tafel ein bisschen lustig werden, gibt es Nuss-Karamell-Schnitten und Getränke zur Selbstbedienung.

Boden:

170 g Butter
50 g Zucker
1/2 TL Vanille Extrakt
195 g Mehl
1 Prise Salz

Karamell:

240 g Butter,
300 g braunen Zucker
1 Prise Salz
180 g heller Grafschafter Sirup

Nussmischung:

500 g gehackte Nüsse (gemischt)
60 ml Sahne
Schale 1 Orange (gerieben)
1/2 TL Kardamom

Alle Zutaten für den Boden zusammenmixen und in eine eckige Form (30x20 cm) drücken. Bei 180 Grad C 20 Minuten vorbacken. Für das Karamell die Zutaten in einem Topf 10 Minuten kochen, bis es richtig dickflüssig wird. Am Ende zeigt ein Zuckerthermometer etwa 140 Grad. Dann hast Du die richtige Konsistenz. Nun kommt die Nussmischung dazu. Nochmals kurz aufkochen und dann auf Deinen vorgebackenen Boden verteilen. Bei gleicher Temperatur 10 Minuten fertig backen. Nach dem Erkalten in Stücke schneiden.

Der Baum ist aus dünnen Ästen, die ich an der Seite zusammengebunden habe. Der macht sich ganz schlank an der Wand und ist überall einsetzbar. Häng' doch einfach Deine Weihnachtskarten dran.

Die extrem weiße Buttercreme ist eine „Swiss Meringue". Die Bäume habe ich mit dem Messer aus Keksteig ausgeschnitten. (Ich hatte nicht genug Ausstecher in den richtigen Größen.) Die Buttercreme habe ich dann auch zum Verzieren der Bäume verwendet.

Schwarz Weiß Kekscreme

Wenn ich weiß, dass ich den ganzen Tag unterwegs bin, Achim bis abends an der Uni sein wird, mache ich uns morgens immer ein Vesper. Das Gleiche gilt nun natürlich auch für den Boris. Seit neuestem will er jedoch seine Brote lieber selber schmieren, und ich höre morgens schon die Küchenmaschine auf Hochtouren laufen?! Okay, dachte ich, das ist bestimmt irgendeine Nordpol-Sache, die ich nicht verstehen muss. Vielleicht mag er halt einfach was anderes aufs Brot oder mixt sich einen frischen Smoothie oder so?! Jetzt habe ich aber heute zufällig seine Tasche offen liegen sehen und ich weiß nun: Nee, das ist mal wieder 'ne Boris-Sache, die hier abläuft.

Da mixt er sich aus Keksen eine schwarz/weiße Creme zusammen, füllt sich die ins Glas und schnabuliert das dann den ganzen Tag über! Mega gesund also! Hintergrund der Story ist natürlich, dass ich ihm irgendwann mal 'ne Ansage gemacht habe, nicht so viele Kekse zu essen. Und in seinem Kopf ist eine Creme aus Keksen eben kein Keks! Da war ich natürlich platt, musste aber die Creme sofort probieren. Also, das Zeugs schmeckt so lecker, dass ich das Glas gar nicht mehr hergeben wollte. Jetzt willst Du natürlich wissen, wie es genau schmeckt. Wie Oreo Kekse, aber halt als Creme. Und was hat das für 'ne Konsistenz? So wie Peanut Butter würde ich sagen, aber halt mit Keksstückchen dazwischen. Und wie ißt man das? Also der Boris tunkt sich da alles ins Glas wie z. B. Kekse oder Obst, oder er schmiert es sich auf's Brot. Die Creme geht ganz schnell herzustellen. Und sieht super aus im Glas, auch zum Verschenken.

Boris Lieblings "Vesper" Schwarz / Weiß Creme:

Christmas Cheer

Dunkle Creme

30 Stück Oreo Kekse
120 ml Sahne
4 EL Kokosöl

Zuerst in einer Küchenmaschine mit Pulse-Taste die Kekse zerkleinern und dann die Sahne und das Öl dazugeben, so lange rühren, bis eine cremig Masse entstanden ist.

Helle Creme

60 g Butter
60 g Kokosöl
225 g Puderzucker
1 TL Vanille Extrakt

Alle Zutaten zusammen mit der Küchenmaschine aufschlagen, mindestens 1 Minute auf höchster Stufe mixen. Danach die Creme abwechselnd in ein Glas füllen. Ich habe zuerst die weiße und danach die braune eingefüllt.

FREITAG 11

KOSTÜMCHECK

SAMSTAG 12

BÄRTE BACKEN,
ICEN UND VERPACKEN

SONNTAG 13

ERSTE WEIHNACHTSMANN
KONFERENZ „SANTACON"
IM ROSA HAUS

HAPPY SANTACON

GIANT cookie LOLLIPOP

FROM BORIS

WITH LOVE

FÜR DIE DIESJÄHRIGE SANTACON HABE ICH SANTA BÄRTE VORBEREITET, DIE SICH JEDER GAST VOR DAS GESICHT HALTEN KANN. UND NATÜRLICH DARF MAN DIE AUCH ESSEN! FÜR DIE BÄRTE MUSST DU NUR AUS EINEM AUSGEROLLTEN KEKSTEIG DIE BARTSCHABLONE VON SANTA MIT DEM MESSER AUSSCHNEIDEN, EINEN STAB DRUNTERSCHIEBEN UND BACKEN.

NACH DEM BACKEN KOMMT DAS PUDERZUCKER/EIWEIß-ICING DRAUF UND ICH HABE NOCH EIN BISSCHEN STRUKTUR VOM BART DRAUFGESPRITZT. WENN DU DIR JETZT SCHON DIE GANZE ZEIT ÜBERLEGST, WAS DENN NUN BITTE DIE SANTACON IST, GEHT'S DIR WIE DER ANDREA: DIE HATTE ÜBERHAUPT KEINE AHNUNG DAVON, DABEI VERANSTALTEN WIR DIESEN "KONGRESS DER WEIHNACHTSMÄNNER" AM NORDPOL SCHON SEIT JAHREN. DER WEIHNACHTSMANN SELBER FINDET DIE IDEE NICHT SO LUSTIG UND BLEIBT AN DEM TAG LIEBER ZUHAUSE! ALLE ANDEREN AM NORDPOL ABER SIND IMMER MIT DABEI. SO KAM ES ALSO, DASS ES DIESES JAHR DEN ERSTEN SANTACON IM ROSA HAUS GAB! ANDREA IST DA JA IMMER GANZ OFFEN FÜR NEUE IDEEN. JEDER MUSSTE DAZU ALS WEIHNACHTSMANN VERKLEIDET SEIN, EINE MÜTZE ALLEINE REICHT NICHT, SCHLIEßLICH IST DAS THEMA ROT/WEIß. UND MAN MUSS TEXTSICHER BEI DEN LIEDERN SEIN. EGGNOG MÖGEN MUSS MAN AUCH. DAS WAR'S EIGENTLICH SCHON. DAS MOTTO WAR: EAT, DRINK AND BE SANTA!

SCHABLONE IN ORIGINALGRÖßE ZUM DURCHPAUSEN

SANTA CON in ROSA HAUS

ICH HATTE DIE IDEE, ALLE FERTIGEN BÄRTE SCHON MAL ANZUBEIßEN, ABER OBWOHL ANDREA JA IMMER AUF VINTAGE STEHT, HAT SIE MIR DAS DIESES MAL RICHTIG VERBOTEN!

Brownie Backmischung

Ich hab' ja schon einige Backmischungen hergestellt: Cookies im Glas oder Schokokuchen in der Papiertüte. Meine neueste Idee ist die Brownie Backmischung. Die Zutaten habe ich in Spritztüten gefüllt, und danach in selbst genähte oder gekaufte Ofenhandschuhe gesteckt. Ein tolles Geschenk. Als Rezept habe ich die Brownies von Seite 48 genommen und den Cookieteig für obendrauf weggelassen. Butter und Eier muss man noch dazugeben, das schreibst Du am besten auf das Geschenketikett. Die Schokodrops habe ich getrennt verpackt.

„Nutella" Stern

Ohhh! Der Boris hat sich verguckt. In ein Mädchen aus der Nachbarschaft, die Louisa. Er hat sie bei einem Crafternoon kennengelernt. Jetzt haben sich die beiden schon ein paar mal zum Burger essen getroffen und für Sonntag wurde sie nun ins Rosa Haus zum Kaffee eingeladen. Aufregung pur! Es soll was gebacken werden, nicht zu aufwändig, aber natürlich doch auch was Besonderes soll's sein. Was sie gerne mag? Nutella! (Wer mag keine Nutella?).

Das war aber die Gelegenheit, mal so einen „Nutella" Stern zu backen. Der Boris hat alles schon morgens vorbereitet, als Louisa noch nicht da war. Sie sollte ja auf gar keinen Fall sehen, wie einfach dieser Stern in der Herstellung ist. Und es hat geklappt: Louisa war mega beeindruckt. Auf ihre Nachfrage, wie man den macht, hat Boris dann jedoch gemeldet, wie wahnsinnig kompliziert das alles sei, und er hat gleich mal sein Bachelor Zeugnis vom Reindeer College vorgezeigt, Schwerpunkt Backen, der alte Angeber.

Teig:

Der geht wirklich leicht (aber erzähle das bloß nicht der Louisa!)

- 500 g Mehl
- 190 ml lauwarme Milch
- 1 Päckchen Trockenhefe
- 3 EL brauner Zucker
- 60 g weiche Butter
- 2 Eier
- Schale 1 Zitrone
- 1 TL Salz

Stelle aus allen Zutaten einen Hefeteig her, und lasse ihn 1 Stunde gehen. Danach wird der Teig in 4 gleiche Kugeln geteilt, jede Kugel wird zu einem Kreis auf 25 cm Durchmesser dünn ausgerollt. Ich habe einen Essteller verkehrt herum als Schablone benutzt. Auf den ausgeschnittenen Kreis wird dünn Nutella gestrichen. Ich hab' die Nutella vorher erwärmt, dann kannst Du sie besser verteilen.

Wenn Du zu viel nimmst, läuft Dir nachher beim Schneiden überall die Schokolade hin und verschmiert alles. Dann den 2. Kreis obendrauflegen, Nutella, 3. Kreis obendrauf, Nutella, 4. Kreis obendrauf. Keine Nutella mehr! Dann habe ich in die Mitte ein kleines Glas gestellt. Nun musst Du 16 Segmente mit einem Messer schneiden.

Ich habe zuerst halbiert, dann geviertelt, usw ... Zwei nebeneinanderliegende Segmente nimmst Du hoch, und drehst beide jeweils 2-mal nach außen um 180 Grad. Danach noch mal um 90 Grad und dann die Enden gut zusammendrücken. Das machst Du, bis alle Segmente fertig sind. Lasse den Stern nochmals 1 Stunde gehen, dann kannst Du ihn mit etwas Milch bestreichen und 25 Minuten bei 180 Grad C backen.

Baumanhänger aus Strick

Die Bäume habe ich
mit einem Dreieck als Schnitt-
muster aus alten Strick pullis
ausgeschnitten, zusammen genäht
und mit Watte gefüllt.
Die Stämme sind aus Feincord.
Da ich sie dann noch zu "nackt"
fand, hab' ich bestempelte
Labels draufgenäht und zum
Schluss als Aufhänger noch ein
Band mit einen Knopf drangemacht

Kein guter Tag im ROSA HAUS

OHHHH JE! GESTERN WAR KEIN GUTER TAG IM ROSA HAUS! ANDREA WAR AM MORGEN SCHON MEGA BRUMMIG! ZUERST IST IHR BEETLE NICHT ANGESPRUNGEN, WEIL ES -10 GRAD HATTE, DANN IST AUCH NOCH DIE SCHÖNE ROSAFARBENE SPÜLMASCHINE KAPUTTGEGANGEN, UND KEIN TECHNIKER HAT ZEIT ZU KOMMEN! DESHALB WOLLTE ICH FÜR SIE HEUTE IHRE LIEBLINGSKEKSE, DIE SPRINGERLE, BACKEN! (UND DANACH AUCH NOCH ALLES VON HAND ABSPÜLEN.) MEINE ÜBERRASCHUNG FÜR ANDREA: ICH HATTE AUF DEM FLOHMARKT EIN ALTES HOLZMODEL MIT EINER KATZE DRAUF ENTDECKT.

ICH PERSÖNLICH HÄTTE JA LIEBER WAS MIT RENTIEREN GENOMMEN ...ABER ICH BIN JA NUR PRAKTIKANT. ICH BIN MIR GANZ SICHER DASS, SIE SO EIN ALTES MODEL MIT KATZENMOTIV NOCH NICHT HAT! ICH WERDE IHR DIE KEKSE HEUTE ABEND AUF DEM SOFA SERVIEREN, HOFFENTLICH HEBT SICH DIE STIMMUNG BEI IHR DANN GLEICH!

P.S. WAS ICH NICHT WUSSTE: SPRINGERLE BRAUCHEN NACH DEM BACKEN EIN PAAR WOCHEN, UM WEICH ZU WERDEN! MANNO! WILLST DU SIE ALSO FÜR WEIHNACHTEN BACKEN, DANN FANGE FRÜH AN! WIR HABEN DIE SPRINGERLE EINFACH IN DEN TEE GETUNKT ...STIMMUNG WIEDER GUT!

220 G (4–5) EIER
500 G PUDERZUCKER
500 G MEHL
GANZER ANIS FÜR DAS BACKBLECH

EIER UND ZUCKER ZU EINER LUFTIGEN CREME SCHLAGEN (15 MINUTEN), DANACH KOMMT DAS MEHL DAZU. DEN TEIG KÜHLEN UND DANN 12 MM DICK AUSROLLEN. DAS MIT MEHL BESTÄUBTE MODEL REINDRÜCKEN, DAS MOTIV MIT EINER ANDEREN FORM AUSSTECHEN ODER AUSSCHNEIDEN UND DAS SPRINGERLE AUF EIN MIT ANIS BESTREUTES BACKBLECH LEGEN. DIE KEKSE WERDEN ÜBER NACHT ZUM TROCKNEN STEHEN GELASSEN, UND AM NÄCHSTEN TAG BEI 160 GRAD C 12–15 MINUTEN GEBACKEN.

Tannenbaum Caketopper

Diese Tannenbäume kannst Du ganz schnell herstellen. Ich habe sie als Caketopper für kleine Schoko Popovers benutzt, die sehen aber bestimmt auch auf einem Kuchen super aus! Dazu brauchst Du normale Salzstangen, weiße und grüne ("Schoko Melt") Schokolade und lustige Zuckerstreusel. Die Schoki hab' ich in Spritztüten in der Mikrowelle flüssig gemacht und dann auf Backpapier über die Salzstangen gespritzt, Streusel drauf und im Kühlschrank fest werden lassen.

CHRISTMAS TEAROOM

Abschlussprüfung für Boris

Ich habe mir ja lange Gedanken gemacht, was denn für Boris die Abschlussprüfung sein könnte. Da kam mir das Cafe Burghof Projekt gerade recht: Die Idee war (aus Mangel an Platz im Rosa Haus), die Weihnachts-Tearooms in einer größeren Location zu veranstalten. Aber natürlich muss es dann dort genauso aussehen wie bei mir Zuhause.

Also mit Möbeln, Deko und Geschirr. Alles muss exakt so sein wie im Rosa Haus. Als es dann soweit war, hab' ich den Boris mal zu Steffi und Dieter ins Cafe geschickt, damit er sich ein genaues Bild machen kann. Ich hab' ihm auch Fotos von der Weihnachtsdeko im Rosa Haus gezeigt, damit er auch weiß, was zu tun ist.

Zuerst muss im Burghof alles leer geräumt und von den Wänden abgehängt werden. Dann wird neu eingeräumt und jeder Zentimeter weihnachtlich dekoriert. Ich hatte ja ehrlich gesagt schon befürchtet, dass er mir gleich wieder einen seiner Entschuldigungsbriefe für 'ne Woche krank in die Küche legt, weil ihm das Ganze zu stressig ist, aber nein! Wider Erwarten war er Feuer und Flamme, weil ich ihm das zutraue. Er ist direkt hoch auf den Dachboden bei uns galoppiert, um die Kartons mit der Weihnachtsdeko zu packen (das ist 'ne Menge Arbeit sag' ich Dir!).

Er hat Tage dafür gebraucht. Ich war ja doch sehr gespannt, wie er diese Abschlussprüfung erledigen wird. Am Ende war ich sehr stolz auf ihn, er hat 'ne glatte 1 dafür bekommen. Mega toll gemacht Boris! Hätte ich selbst nicht besser gekonnt.

Mit den Vorher-Nacher-Fotos kannst Du Dir selbst ein Bild davon machen. Den ganzen Abbau im Cafe hatten wir für Anfang Januar geplant. Dreimal darfst Du raten, wer seine Abreise kurzfristig auf genau 1 Tag vor dem Abbau geplant hat? Na? Ja, das war keine Überraschung für mich, liebes Rentier! Nach so vielen Wochen kennt man sich doch recht gut ...

Vielen Dank an das Team vom Cafe Burghof. Das Foto hat Boris gemacht.

Den Rand von diesem Stickrahmen habe ich mit Karoband umwickelt und auch noch Pom-Poms mit Glöckchen drangehängt

Der Mini-Stickrahmen wird mit einer Nadel an der Rückseite zur Brosche.

farewell And Goodbye boris

Jetzt ist es tatsächlich so weit: Heute ist Boris' letzter Tag! Ich kann's gar nicht fassen, wie schnell die Zeit doch vergangen ist. Sein Gepäck hat sich von dem kleinen Koffer auf einen stattlichen Kofferstapel vergrößert, so viel Mitbringsel hat er eingepackt. Und von mir bekommt er als Abschiedsgeschenk ein gerahmtes Foto, das ihn an unsere Abende im Rosa Haus erinnern soll. Unser tränenreicher Abschied ist natürlich kein Goodbye für immer, sondern nur solange, bis wir uns wiedersehen werden! Im Rosa Haus oder am Nordpol? Das wissen wir noch nicht!